龍宮の乙姫と浦島太郎

小笠原孝次
七沢賢治　著

和器出版

龍宮の乙姫と浦島太郎

第一部　皇國秘史　龍宮の乙姫と浦島太郎
古事記より観たる日本伝説の解釈
第二部　平成版　龍宮の乙姫と浦島太郎
第三部　渡来人だからこそ憧れた日本の世界観

小笠原孝次
七沢賢治　著

凡例

一、本書は、昭和十五年に小笠原孝次氏の手によって書物として刊行されたものに、さらに現在的な解釈を加え、新装版として発刊したものである。

一、小笠原孝次氏が著した部分の第一部は、原本を忠実に表現することを原則としているが、読みやすさを重視し、句読点を打つ、漢字をひらがな表記にする、改行するなどの処理を施した。

一、明らかな誤記や誤植は改めた。

一、原本の漢字の旧字体・異体字については、原則として、新字体・標準字体に改めた。ただし、引用文、熟語、慣用句、名詞などで特別な意味合いを持つ場合には、原本のまま旧字体、異体字を用いた。

一、原本の旧仮名遣いは、原則として引用文以外は、現代仮名遣いに改めた。

一、文中には、ひらがな表記とカタカナ表記の混在、漢字表記とカタカナ表記の混在、異字同訓、新旧の漢字の混在、中国語の漢字の混在などが存在しているが、引用文以外は、明らかな誤記や誤植でない限り原本の表記を尊重した。

一、他の著作物からの引用方法は、直接引用と間接引用が混在している。内容を要約した間接引用については、明らかな誤記や誤植でない限り原本の表記を尊重した。

一、小笠原孝次著『言霊百神』（新装版）、『言霊精義』（新装版）、『言霊開眼』（新装版）、『言霊学事始』の内容と比較すると、本文、図表、引用文等について、表記や解釈に異なる場合があるが、それらの違いの背景には、著書自身の考え方の変化が影響している可能性があるため、各書籍を記した時の著者の考え方を尊重し、原則的には修正等は加えていない（一部例外あり）。

一、和器出版株式会社の設立に伴い、「言霊学会」は株式会社七沢研究所より和器出版株式会社に移管され、小笠原孝次氏、山腰明將氏の遺稿等は、弊社において復刻・出版される運びとなった。

■はじめに

乙姫が本当の姿を現した

言霊学研究者　大野靖志

本書第一部は、昭和十五年に日本神話賛仰会から出版されたものを復刻したものである。原本に記載された発行所の住所を見ると、当時幡ヶ谷にあった小笠原孝次氏の自宅をそのまま同会の事務所にしていたことがわかる。

本書共著者である七沢賢治氏がかつて足を運んでいた第三文明会も小笠原邸であったことから、拠点を身近に置くというこのスタイルは、当時から変わっていない。早くもこの時代から、組織の体裁はどうでもよく、精鋭だけを集めたいという小笠原氏の意気込みが伝わってくるようである。

氏が昭和五十七年に七十九歳で他界したことを考えると、本書出版時の小笠原氏の年齢は三十七歳。（ただしその三年前に元の原稿は完成している。）つまり、この時点で既に「言の葉の誠の道」を究めんと、布斗麻邇の神髄目がけ、我々が想像する遥か先まで進んでいたことになる。

一方、小笠原氏にとっても初期段階の作品ゆえ、龍宮乙姫を題材にした本書は、氏が後年手がけたあらゆる著書の中でも、珍しく「です・ます」調のやさしい語り口調となっているのが特徴である。読者も氏の既刊書にない読みやすさを感じるのではないだろうか。

そうした読みやすさも手伝い、また、全体がコンパクトに纏まっていることからも、特段の解説は必要ないように思う。そのまま、その通りに読んでいただければ、氏が当時伝えたかった我が国の秘史、すなわち先哲が日本の伝説や童話に言霊を隠したことの意義が、ありありと伝わってくるはずである。

大切なことは、それが浦島太郎にとっての乙姫（音秘）であるのみならず、日本の歴史にとっての乙姫でもあったということである。音を秘めることで、かつての日本は、言霊という人類の至宝を秦朝に奪われることを防いだ。つまり、浦島太郎になぞらえられた徐福の目を誤魔化すことに成功したということである。

一方、崇神朝を境にして日本民族からもそれを隠した。それにより仏教と儒教が凄まじい勢いで以降の日本を席巻していったとある。そう。その乙姫は秦だけでなく日本からも、言霊を隠してしまったのである。だが、消えたということではない。小笠原氏によると、岩戸隠れした天照大神のように、岩の陰から外の世界を覗き見しつつ出番を待っているという。

氏はそれを「日本人が日本人としての本来の面目に立ち還へること」と表現しているが、支那事変のあった当時からすると宜なるかなという思いである。果たしてそれは日本民族を更なる乙姫の世界へと導いていった。

乙姫、すなわち音秘という内なる呪縛は、戦後になりその力を弱めるかに見えたが、そうはならなかった。いつまで音を秘めるつもりであったのか。戦後のそれは、内というよりは外の圧力によるものであったといえる。言霊に関する資料や伝書はＧＨＱによって悉く処分された。

しかし、見ようによっては、それも含めての音秘の働きだったのかもしれない。事実、七沢氏は言霊の師である小笠原氏から、「完全でないものはいずれ叩かれる。だから言霊が科学によって立証されるまでは、これを表に出すことを禁ず」と、強く念を押されていたのである。

その禁が解けたのが、二〇十三年十月のことであった。その時期を境にこれまで封印されていた日本語五十音の秘密が段階的に世に公開されることとなった。所謂言霊の教科書的存在ともいえる『言霊百神』が新装版として、和器出版から発刊されたのもその時期である。既にこの本をお持ちの読者もおられるかもしれない。

その後、小笠原氏の著作物の刊行は『言霊精義』、『言霊開眼』と続き、『言霊学事始』から新たなステージに入る。近刊『ヘブライ研究三部書』は、読者の記憶にも新しいところだろう。そこには、ユダヤの教えを通じて氏が掴んだ言霊の入り口が、惜しげもなく披露されている。

しかし、その道は長く、険しい。所々に大きな壁も立ちはだかっている。そこを乗り越えて日本語五十音という言霊の深奥を掴むのは容易ではない。が、その道を少しでも楽に進んでいただくために本書は用意されたといってもいいだろう。浦島太郎という誰でも知っている物語に紛れ込ませて。

ところが圧巻は本書の第二部、第三部である。むしろ、こちらが本編といってもいい。だが、七沢氏の手によるこの原稿は、当初編集部において掲載に躊躇いがあったそうである。なぜなら、言霊学会でもごく一握りの人間しか知らない秘話が、あまりにもあっさりと公開されているからである。

このように書くと他人事だが、何を隠そうこの私も、龍宮の奥に隠された真の意味が、この時期に公開されるとは思わなかった。言霊のすばらしさについて、ここで改めて述べる必要はないだろう。しかし、その所在と使い方がわからなければ、いかに日本語が話せ言霊の知識があったとしても、宝の持ち腐れにしかならない。

特筆すべきは、それがこの資本主義社会との関連性の中で述べられていることであろう。元々言霊は個人のためのものではないが、それを社会で活かす術については個人の延長から推測するしかなく、結局は自己満足に終わる世界である。しかし、本書第二部には、その歴史的意義、社会的意義が極めて明快に語られている。あとはそこから逆算すれば、自然とその術もわかるようになっている。

それにしても、龍宮乙姫と浦島太郎の物語が、実は我々にとんでもないテーマを投げかけていると一体誰が知るだろうか。原作者はどう考えていたのか。時代も名前もわからない。物語だけが残っているという状況である。が、七沢氏は明快にそれを指摘する。詳しくは第二部の最後の章をご覧いただきたい。この物語の時空を超えたスケールが窺い知れるはずである。

それもこれも現代における科学の恩恵であると七沢氏は言う。言霊の世界が科学的に解明されたことで、この浦島が、乙姫が、本当の姿を現したと。そして、龍宮とは何であり、かつて何であったのか。読者は恐らく、そこで見てはいけないものを見てしまったかのような錯覚に陥るであろう。

そう。実際それは、かつて皇室の一部の人間だけが知りえた最高機密にも匹敵する情報の中身であった。それが今や、書籍を通して誰もが知りうる時代になったということである。何という幸甚だろうか。少なくとも私にはそう思える。本書の第一部だけでも十分その秘奥に触れる内容となっているが、七沢氏のそれは更に現実に直結している。これは世界の誰もが欲しがる内容ではないだろうか。

しかし、七沢氏が何の意図もなく明かしているとは思えない。そこには何らかの理由があるはずであり、ひょっとしてそれは、人知を超えた何かから来ている可能性もある。一体それは何だろう。現実的にその一つには、先師小笠原孝次との約束があったであろう。最後の弟子として受け継いだもの、それは言の葉の教えだけではなかったはずである。

今一つは、鎮魂の師、奈良毅氏から拝受した教訓、そして、白川神道の高濱浩氏から継承した中身など、七沢氏が授かったあらゆる教えとその背景にあったものが思い浮かぶ。恐らくは、そこに七沢氏個人の知見が統合され、ある種の結論が導き出されたのだと考えられる。

そのような意味において、本書は物語のただの解説書ではなく啓発書として読むべきものであるといえよう。それは読者の中に眠れる何かを引き出すための、大いなるきっかけを齎すものかもしれない。少なくとも、これまでの観念や価値観を覆すに十分な中身であることは保証できる。

能書きはともかくとして、まずはこの頁をめくり本編に進んでいただきたい。日本の歴史のみならず、人類史すら変えてしまう何かがそこにはある。が、最後は読者の判断である。七沢氏が読者に投げかける浦島の公案を解くことで、そこに人類の新たな未来を垣間見ることだろう。

龍宮の乙姫と浦島太郎

目次

第一部　皇國秘史　龍宮の乙姫と浦島太郎

古事記より観たる日本伝説の解釈

小笠原孝次

皇國秘史
龍宮の乙姫と浦島太郎
（古事記より観たる日本伝説の解釈）

明治天皇御製

天地もうごかすばかり言の葉のまことの道をきはめてしがな
白雲のよそに求むな世の人のまことの道ぞしきしまの道
知早ぶる神のひらきし道をまたひらくは人のちからなりけり
葦原のみづほの國の萬代もみだれぬ道は神ぞひらきし
いそのかみふるごとぶみは萬代もさかゆく國のたからなりけり
いそのかみ古きためしをたづねつつ新しき世のこともさだめむ
ひと筋をふみて思へばちはやぶる神代の道もとほからぬかな
開くべき道はひらきてかみつ代の國のすがたを忘れざらなむ

序

松の風楢の時雨に言の葉の誠の道を知り初めにける

松の風峯の嵐に通ふまで言の葉の道きはめてしがな

言の葉の誠の道を峯わたる松の嵐に問ふよしもがな

松風を國の言葉にうつしてみおやの神人《かみ》のみわざたづねむ

ふた千《ち》まり六百年《むももとせ》の春寒み科戸《しなど》の風は吹き荒れにけり

ふた千まり六百年の春なれや梅の蕾は紅くふくらむ

ふた千まり六百年の春來ぬといえどもだ默せり梅の蕾は

ふた千まり六百年の春なれど梅の蕾はいまだ固かり

ふた千まり六百年の春にして開きがてなる梅の花かな

ふた千まり六百年の春來ぬと梅の蕾に云ひきかせけり

肇國《はつくに》の皇祖《みおや》の神の眞をば八千代の末に索《ど》むよしもがな

いそのかみふることぶみの辭《ことば》もて掟さだむる時は來にけり
皇祖《すめおや》の貽《のこ》したまへる洪範《みのり》とは日本語《やまとことば》の言の葉の道
敷島の大和心は古道に落葉搔き分け索むべかりける

昭和十二年「神乃日本」誌上に発表したものです。その後多少の反響はありましたが、そのままにして置きましたところ、山腰明將先生から書物にして置きたまえと勧められまして、改めて書き直しました。

憂国の純情に燃える諸彦の御提携と御援助をお願い致したいと存じます。近く第二編も出したいと思って居ります。

色々御教示を下さった山腰先生や御声援頂いた伯爵上杉憲章閣下、それから庚辰談話会の諸兄に厚く御礼を申上げます。

二千六百年五月

著者

目次

日本の伝説

昔々

與謝の濱邊の浦島太郎は

龜の背中に乘つて

海の水の底にある、　龍宮城を訪づれました。

龍宮のあるじの乙姫様は、
浦島を歓び迎へて
日となく夜となく
酒盛りを催ほしてもてなしました。

浦島太郎は
夢に夢見る心持ちで
龍宮城に暮すこと三年・・・

ふるさとが戀ひしくなりましたので
乙姫に暇乞いをしました時、
土産に玉手箱を貰ひました。

その玉手箱を大切に抱えて
また龜の背に乘つて　水を潜つて
もと居た國へ歸りました。

さて、
浦島太郎が歸へつて見ると
ふるさとの濱邊には棲み慣れた家もなく
また村里も前とは全く樣子が變わつて
顔見知りの人さへ居りません。

餘りの思ひがけなさと心細さとのために
乙姫から開けるなと嚴しく戒められた事を忘れて
土產の玉手箱を開けて見ますと、

箱の中からはは白い煙がたゞ一筋立ち登つたのみで
その外に何もはいつてはゐませんでした

それと同時に
その時まで美しい若者であつた浦島太郎は、
忽ちにして
白髪のおぢいさんになつてしまひました。

これが「龍宮の乙姫と浦島太郎」という、日本の言い伝えの一つの、おおよその荒筋でありまして、日本人ならば誰でも知らぬことのない話であります。

このいわゆる「浦島説話」というものは、必ずしも日本にだけ伝わっているものではなく、台湾や琉球や、または南洋諸島にも殆んど同じ筋を持った言い伝えがあります。また遠くヨーロッパなどにも「リップ・ヴァン・ウィンクル」の話といって、多少の筋の違いはありますが、似通った話が拡まっていまして、言わば、この話は世界共通の言い伝えといっても過言ではありません。

このように、誰でもがあまりによく知り過ぎている話ですから、かえって人が気に留めようとはしませんが、さて、何かの折に、たとえば万葉集巻九の「水江浦島子《みずのえのうらしまのこ》を詠める歌」に

春の日の　霞める時に　住吉《すみのえ》の　岸に出で居て　釣船の
とをらふ見れば古《いにしへ》の　事ぞ念《おも》ほゆる

とあるように、長閑《のどか》な心になって、ほのぼのと昔のことが想い出されるような心持ちのときに、静かにこの物語りについて考えをめぐらしてみますと、今までついぞ気づこうとはしなかった不思議が、色々と次々と浮んで参ります。

浦島太郎とはいったいどんな男なのでしょう。

また、龍宮城とはどんなところでしょう。

海の水の底にあるものと伝えられていますが、そうした海の底に、潜水具でも着るのでなければ、生身《いきみ》の人間が行かれよう道理はありますまいに、浦島太郎はどんな工合にしてそこへはいって行けたのでしょう。

これらのことがらが、まず第一に不思議ではありませんか。

それから、龍宮の乙姫はなぜ浦島太郎をあのようにもてなしたのでしょう。

また、乙姫から貰ったという玉手箱とは、どんなものであったのでしょうか。

浦島が帰ったとき、なぜ家も村も失くなっていたのでしょう。

またなぜ、玉手箱を開けたらば、煙が立ち登ったのみで、なぜ中が空だったのでしょう。

なぜ、なぜが、あとからあとから湧いて来ます。

静かに、のんびりと、ゆっくりとこの物語りを考えていきますと、実はどこからどこまでも、我々の普通の知識からしますと不思議なことだらけでありま す。そうかと言って、それならばこの話は、全くあられもない、いい加減な作り話かと思うと、既に古く万葉集にも他の立派な歌の数々と並べて掲げられてありますし、また同じく前述のように世界中に拡がっている話でもあるのです。

もしこれが全く根も葉もないことであるのならば、これほどの古さと広さを保とうはずはありますまい。そこで、この話には、何か深い仔細があるらしいぞ、という疑惑が、ひとりでに湧き上がって来ないわけにいかなくなって参ります。

世界中のことは暫く預かっておいて、この浦島太郎の言い伝えは、しかしこれだけが、たった一つの日本の言い伝えであるわけではありません。その他にも同じような、といっても色々な筋の異なった言い伝えが沢山に数え上げられます。たとえば「桃太郎」「舌切雀」「かちかち山」「猿蟹合戦」「花咲爺」などなど、精しく探したら、まだまだ幾らでも出て来ることでしょう。

これら、いずれの物語りを取り上げてみましても、やはり浦島の物語りと同じように不思議な話ばかりであります。

「桃太郎」にしてからが、犬や猿や雉が人間のように口をきいたり、家来になったり、「舌切雀」では、雀が竹藪の雀の宿にお爺さんを招待したり、「かちかち山」では兎と狸が喧嘩をしたり「猿蟹合戦」では臼が蟹の敵を討ったり。どれもこれも常識では釈けない、謎のような話ばかりであります。

しかし恐らくは、いずれも万葉集に出ている浦島子の話と同じく古いものであろうことは想像できますことで、何百年も何千年もの年月を、伝え伝えて来た話に異《ちが》いありますまい。

古いと言ったら、日本の建国や肇国の歴史は、まことに古いものと知られておりますが、このような日本の歴史の長い歩みと連れ立って、今日まで歩んで来たであろうとも思われるこれらの物語りが、日本人の生活とか、あるいは日本の国柄とかに関して、何か知らぬが、深い意味があるものではあるまいか、とも想像されましょう。
こうした想像は決して無鉄砲な想像であるとは言えないでしょう。またそんな想像は気紛れの空想に過ぎないと、一概に貶《けな》し去ってしまわねばならぬ筋合いのものでもありますまい。

昨今は、色々な学者が、国内と国外とを問わず、各方面から日本というものを盛んに吟味しようとしているときであります。哲学とか歴史とか、考古学・人類学・民族学とか、あるいは言語学とか社会学とかから、日本というものをまな板の上に乗せて、ありとあらゆる筋合いから容赦なく切りさいなんで、その正体を知ろうと意気込んでいます。そうした解剖や分析のメスは、どんな細かい隠れた部分にまでも隙間なく加えられているように思われますが、しかしこれらの学者達が、まだ誰一人として、これほど日本人の生活に深い関係があるらしく想像される数々の日本の言い伝えについて、ほんの少しさえも研究の手を染めていなく、また染めようとさえもしていないことは、考えますとこれまた不思議のひとつであります。

そこで翻《ひるがえ》って、これらの言い伝えがどのようにして今日まで伝えられて来たかを調べますと、まことに面白く感じられるものがあります。それは昔から日本の母親と幼子の間だけに行われていたものであります。考えようによっては、それは母親と幼子が寝物語りの間に、ひそかに伝え伝えて来た、日本人のいわば公然の秘密であるとも言えようではありませんか。

子どもは言うまでもありませんが、母親というものも、すくなくともその子どもに対する限りは極めて素朴な純真なものであります。その母親が物語りを子供に伝えるとき、恐らくはどの母親も元の話の筋に新しい作意などを加えるようなことはしなかったでありましょう。また、子どもも母親の言葉のままに、そのまま素直に覚え込んだことでありましょう。

ですから何百年、何代経ったとて、話の元の形は少しも壊される気づかいはなかったでありましょうし、また一方いかなる時代においても、ともかくも、しかつめらしい議論を商売にする学者達が、母と子の寝物語りを取り上げて、いちいち研究や議論の種にすることは、大人気ないことと思っていたことでありましょう。

ですからこれらの物語りが伝えられ、保たれて来たその社会的範囲というものは、実にそれを保存するためには最も安全であり、理想的な範囲であったと言うことが出来るのであります。

もしこれらの物語りに、何か知らぬが、何か深い意味が隠されているものであって、そうしてそれを今日まで幾百年の月日を、どうしても伝えて行かねばならぬものとしたら、これをこのような安全な場所に保存したところのその作者は、実に人情の微かさに徹底した、しかも遠大な仕組みをしたものであると関心しないわけにはいきますまい。

春の日の浜辺に立ったような、のんびりとした気持ちになって、以上のような不審やら想像やらを、そこはかとなく逞《たくまし》うして参りますと、今日の常識では、全く馬鹿げた話としか考えられない日本の色々な言い伝えについて、その奥には何か有りそうだ。裏には何か、深い意味がなければならぬはずだ、という考えにまで私共の気持ちは進んで参るのであります。

伝説の解釈法

そこで、日本の色々な伝説に対して、何とかして筋道の通った解釈を見つけ出したい、というのぞみが私共の心の中に湧いて参ります。

しかし解釈と言いましても、言い伝えの言葉の表に現われた事実を取り上げて、これに地理学的な考証を試みたり、あるいは言語学的な比較研究をしたり、もしくは社会的な意義を与えてみようというような、言わば第三者としての冷淡な態度をもって学問的に弄ぼうという解釈ではなくして、言い伝えの作者の心の中に分け入って、これらの物語りをもって、「作者はいったい何を言おうとしているのか」「何の目的でこういうものを作ったのか」、すなわち物語りの真相と真意とを、何とかして明らかにしたいと願ったのであります。

こうした願いに対しては、従来色々な学問が日本研究の上に試みたような客観的な方法では、私共が満足し納得するような答えを見つける事は出来難いことでありまして、またいかほどそれを試みようとも、これから以後も決して本当の解釈は得られない事が想像されるのであります。

もしそうした方法で解き得られるものでありますなら、あえて西洋哲学や自然科学の力をいまどき借りて来なくとも、日本人がすでに充分噛みこなしてしまっているところの仏教や儒教の学問をもってしてさえすれば、とうの昔に解釈が出来てしまっているはずだとも考えられましょう。儒教や仏教で釈けない話であったら、哲学や科学でもやはり釈き得らぬものと思われます。ですから今に至るまですべての日本の言い伝えは、母と子と、そして幼稚園の中に極めて安全に保護されているのでありましょう。

結局、日本の言い伝えのまことの姿をあらわすためには、従来のどんな方法をもってしても全く歯が立たぬと言ってもよろしいので、それには何か他の方法を講じなければならないのであります。

私共は、日本に古くから伝わっているところの「言の葉の誠の道」と言う、日本語の原則について数年来研究を続け、将来もこの道に専心しようと考えている者であります。

ところが私共がこの道をこつこつ勉強していますす道すがら、時に前述のように春の海辺に立って、長閑に沖合いを眺めるような気分になって、子どもの頃母親から教わり、今でも忘れずに覚えております日本の言い伝えのあれやこれやを、その「言の葉の誠の道」の上から、そこはかとなく考えた事がありました。

すると思いがけない事には、あだかも春の霞が立ちこめて、何も見えなかった沖合いが段々と晴れて来て、島の影や水尾の色合いや水平線さえもが次第に見えて来ますように、今までその中から何の意味も汲み取る事が出来なかった話の中から、次第々々に何かしら筋道の通った事柄が、それからそれと浮び上って来て、

「ははあ、何だ、こんな事をいっているのか」

と、人知れず頬笑ましく思うような目に度々会うのでした。それでいよいよ味を覚えましたために、暇ある毎に、それからそれへと言い伝えの研究を続けて参りました。

しかしこうした「言の葉の誠の道」からの日本伝説の検討と申すような仕事

は、今まで全く誰も試みたことのないことでありまして、またその結果として現われて来る言い伝えの意味合いも、今まで誰も夢にも気づかなかった事ばかりであります。

そこでこの事を自分一人だけが人知れず楽しんでいる事としないで、こういう面白い事が日本にあるのだという事を、少しでも世の中の人に知って頂くため、またそれによって少しでも私共と同じ興味を感じて下さる人々のお力添をお願いして、更に精しく、もっともっと奥底の意味合いまで全部明らかにしてしまいたいものだという望みが湧いて参りました。

そのためにはまず隗より始めよで、私共が今までに考え集めました私共の立場からの解釈を、実はまだまだ浅いものではありますが、少しでもよいからお知らせしておこうと思うのであります。

言の葉の誠の道

ここで、私共が多少とも日本の言い伝えを釈き得たと思われる事の鍵となった「言の葉の誠の道」について、少しくご紹介申し上げねばならぬ事と思われます。

一言で申せば、「言の葉の誠の道」とは、皇典古事記の内容であります。元来、申すまでもなく人間の使う言葉というものは、真理《まこと》（真事）をあらわすものでありますが、しかし言葉を使って真実をあらわす表わし方にも色々と国々によって違いがありまして、ヨーロッパ風の哲学などという方法においては、言葉を道具、あるいは材料として概念というものを組み立てて、その中に真理を捕えようとします。この場合、言葉というものは、結局、概念構成の素材としての役目しか持っておりません。

しかしこの概念というものは、たとえば桶を作るようなものでありまして、真実のまわりに垣根を結びつけて、この中に真理が在るのだぞ、というところまでしか現わす事が出来ないもののように思われます。これと同じ目的のために支那人は文字というものを使っておりまして、幾何学的な象形の中に理を捕えようとしております。

しかし私共の祖先であられる皇祖皇宗の神人《かみ》達や臣下の仙人《やまひと》達は、天や地や人生についてのすべての真理をあらわすに、西洋的な概念は用いませんでした。また太古にあっては支那的な象形文字さえも使いませんでした。

たとえば古事記の中に支那文字を使って呪文的に書かれてあります天之御中主《あめのみなかぬし》とか、高御座巣日《たかみむすび》・神産巣日《かみむすび》とか、天照大御神《あまてらすおおみかみ》などというような、極めて重大な、しかも簡単明瞭な心理実在をあらわすためには、ウとかアとかワとか、あるいはスというような単音をもってしまいました。

こうした音が宇宙に一つ一つ現われて来ます経過を呪文的に、読者が銘々の思索によっておのずから覚えるように説明してありますのが、古事記の冒頭、天之御中主神以下、第五十番目の火之迦具突智神《ほのかぐつち》までの記述であります。

このようにして、宇宙の根本の構成要素たるべき真理の内容とそれを音にして発音するところの人間の性情とがぴたりと一致したところの、最も徹底した明瞭な音が、きっちり五十あります。

この五十音こそ、私共が日常使っております日本語の基になる音でありまして、これを五十神《いそのかみ》（石上）とも言いますし、またこの五十の要素の完全無欠な組立てを五十鈴宮《いすず》とも申し、あるいは敷島《しきしま》（磯城島《しき》・五十城島《しき》）の国とも申します。

この五十の内容の一つ一つには、神代から既に深い哲理と体験が籠められてありまして、永久に動かす事の出来ない意義がもとから定まっておるのですから、この基本の言葉をさえ使って行けば、自然界や人類文化の森羅万象を帰納する場合にも、あるいは演繹する場合にも、いかほど複雑な事柄でも少しも曖昧なところなく、正確に処理する事が出来るのであります。

「言の葉の誠の道」と申すのは、こうした日本語の意義とその使い方のことを言うのでありまして、それを三十一文字の和歌を作る作り方だろうくらいに簡単に考えているようでは、いつまで経っても国語の原則、すなわち国体の本義ということは判ろうはずはありません。

皇典古事記は、この「言の葉の誠の道」についての欽定の教科書であるのであります。

私共はこの「言の葉の誠の道」という鏡に照して、昔からの日本の言い伝えのどれこれを、その中に述べられてある言葉と、言葉同志の関係について、春の海を長閑に眺めるような気持ちで、そこはかとなく考えてみたのでした。しかし考えると申しても、初めの間は思索に疲れた時の慰みのつもりで軽い気持ちで考えておりました。

ところがその結果、全く思いがけなく、いや実は初めから予想していた通りと申した方がよいのですが、その中に素晴らしい事柄が隠されている事が、段々に明らかになって参りました。

それは、今までの歴史家も国学者も神道家達さえもが、全く夢にも考えていなかった事ばかりでありまして、その内容はすべて日本人である限り、誰もが驚嘆して、そしてその次の瞬間には、愉快さが自然にこみ上げて来るような面白い事ばかりであると申しても、少しも過言ではありません。

そこで前置きはこれくらいに簡単に済ませて置いて、手取り早く手始めとして「龍宮の乙姫と浦島太郎」の言い伝えを取り上げて、この道から解釈してみる事と致しましょう。

浦島太郎

浦島太郎が棲んでいたところを万葉集では「水江《みずのえ》」と記してあります。これをまた、一般の伝説では、丹後の与謝の浜辺の人であったとも伝えております。

さてここで「水江」とは一体どこの事か、与謝の海と言われる今の天之橋立の浜辺に、果してこんな人物がいたかどうか、その歴史的考証が出来るかどうか、などと考えて行きますことは、それは西洋流の学問の仕方でありまして、こういう概念的なやり方は私共の仕事ではなくて、「言の葉の誠の道」による解釈はどこまでも古くから伝わった言葉を離れず、言葉そのものについて調べていかねばなりません。この解釈法は聞き慣れぬうちは突拍子もないもののように思われて聞きにくいところもありましょうが、暫く我慢してお聞き下さい。

「水江」をミズノエと訓《よ》みます。訓《よ》みというのは純粋の日本語のことです。

これを皇祖皇宗の遺訓と言います。ミズノエは水の上《うえ》とも書けますし、また水の辺《え》とも書けましょう。上にしろ辺《ほとり》にしろいずれにせよ、それは水の中のことではないという見当がつきます。

次に「水」でありますが、これをミズと訓《よ》みます。このミズという言葉に、古くから日本で用いられている漢字を当ててみますと、瑞・御稜威《みいず》などという文字が見つかります。御稜威とは、申すまでもなく日本の天子様の御威光の事ですから、「水江《みずのえ》」とは従って、この御稜威の範囲外、すなわち、それが及ばないどこか遠いところ、あるいは外国という意味と採る事もできようではありませんか、と申し上げて腑に落ちなくとも暫くご辛抱下さい。

次に「与謝の浜辺」の与謝をヨサと訓《よ》みます。ヨサとはヨがサしたことで、ヨとは夜でありましょう。サとは刺し貫く意義を持つ言葉でありまして、物事が徹底した気持ちをあらわしますから、ヨサとは夜が徹底したところ、これを別の言葉に直しますれば常夜《とこよ》の国、あるいは常暗《とこやみ》の国などという意味に成っても来ましょう。夜の国は月の国でありまして、また黄泉《よみ》国などとも言われます。

この夜の国とは、すべてこの日本でない他の国を指すものでありまして、これに対して、日神《ひのかみ》（大日霊女貴《おおひるめむち》・天照大神）がいらっしゃる日本《ひのもと》を、日の国あるいは秋津島と申します。

秋はアキで、明・開・顕・の意味があり、明らかな・顕わな、すべてが開け放されて神秘のない国を秋津島と申します。秋と申せば空気が明徹して、太陽の色が白く万象歴然たる気候の事であります。

月の国はすなわち月読命の国でありまして、印度を大月氏国（大宜都姫《おほげつひめ》）とも言います。月読の読《よみ》は黄泉《よみ》と同じことで、読むとは、とりも直さず文字を読むことですから、黄泉（読）の国とは、あるいは文字の国、すなわち支那の事を言うとも考えられるでありましょう。

まことに儚《はかな》い、たよりない解釈の仕方のようではありますが、以上のように言葉を推し進めて参りますと、浦島太郎の棲み家は、どうも日本以外の他の国らしいとも想像されましょう。

「浦島太郎」の浦島を、姓と考えても、あるいは村里の名と考えても、どちらでも差支えはありますまい。浦をウラと訓《よ》みます。これは裏《うら》または心《うら》。もしくは占《うら》でありまして、裏と書けば表に対するものであります。日本書紀によりますと、昔、大国主命は「顯露《あらはに》の事は皇孫《すめみま》まさに治めたまふべし」と言って、現実界の統治権をことごとく皇孫に奉って、自らは退いて幽《かく》れた世界を治める事となりました。この顕露、すなわち現実の世界に対する幽《かく》（隠）り世とは心の世界の事であります。ですから、浦島を裏島と書いても、心島と書いても意味は変らぬ事になり、これを近代的な固い言葉であらわしますれば、ウラ島とは唯心論世界ということにもなりましょう。

次に浦島の島をシマと訓《よ》みます。古事記の伊邪那岐美二神の島生みの段には、淡路《あわじ》之穂《ほ》之狭別《さわけ》島、以下合計十四の島の名前が挙げられてありますが、島とはシマリ（締り）のことでありまして、生れ出る言葉を区別し区分する仕方、固い言葉で申す、いわゆる範疇を日本語で島と申します。

そこで浦島と二語を並べますと、それは結局心の締り、すなわち唯心論の世界もしくは唯心論が行われている国、というような意味合いになって参りましょう。「三界唯一心《さんがいにただいっしんのみ》、心外無別法《しんげにべっぽうなし》」などと言って、仏教的の唯心論・唯物論が行われている国は天竺であり、支那においても、老子や殊に荘子などは、心の自由性を強調しましたこの道の旗頭でありましょう。

さて次に「浦島太郎」の太郎とは、桃太郎や金太郎というのと同じく、ご承知の如く日本人の長男に付ける名前でありますから、そこで以上述べました「水江《みずのえ》」または「与謝」の「浦島太郎」ということは、

「御稜威の外の夜の国・読みの国・文字の国・月の国の、隠れたる心の締りと言われる唯心論的世界観の長男、すなわちそういう思想の正系の流れを持った者」

というほどの意味合いが含まれている言葉であることが判って参ります。

海と亀

この浦島太郎は、ある時亀の背中に乗って海の水の底にある龍宮城を訪れました。伝説は、このようにまことに面白く奇想天外に仕組まれてありますが、それを奇想天外と思う事は、あるいは聞き手が勝手にそう思うのであって、もとの作者は人を驚かせる心算で仕組んだわけではないかも知れません。

まず「亀」について語義を調べて参りましょう。これをカメと訓《よ》みます。そうすると同音語として甕《かめ》・瓶《かめ》などの文字が見当ります。甕を別の音で訓《よ》みますとミカとなります。武甕槌《たけみかつち》神などという場合がそれです。

このカメまたはミカと称します道具は、埴土《はに》を焼いて酒または水を容れる器であります。この甕に入れる酒や水を、具体的な形而下のものにのみ考えますと、語源は判らなくなりますが、酒はサケまたはサカでありまして、古事記や書記においては八塩折《やしほおり》の酒《さけ》、八坂《やさか》の勾玉《まがたま》、天逆鉾《あめのさかほこ》などと言うように随所に用いられてある言葉であります。

すなわち形而上のサケとは、性《さか》または坂《さか》のことで、性質、傾向という意義がその語源であります。しかもこのサカというのは漠然と抽象的に一般の性質、傾向という語ではなくして、「言解之男神《ことさか》」「言解の神《ことさか》、一言主神《ひとことぬし》」などと記紀に述べられてありますように、本来は言葉の性質を示したものであります。

個性というものが少しもあらわれない世界共通の音はアイウエオの五母音でありますが、この母音にその国語独特の父韻が交渉して因と縁が和合しますと、果として子音が生れて参ります。日本語の父韻と申すのはキシチニヒミイリの八韻でありまして、この父韻のところに日本独特の個性があります。

すなわち言葉として説けば、八坂の勾玉とは言葉が持つ八つの性《さが》の謂《いい》でありまして、この八つが、イ以外の母音と美斗能麻具波比《みとのまぐはい》して、三十二の子音が生れて参ります。古事記においてはこの事を、「大事忍男神《おほことおしを》」より「大宜都比売《おおげつひめ》」に至る三十二神の生成として述べられてあるのであります。

同じく甕へ入れるものである水の形而上の意義は、前述しました瑞《みづ》・御稜威《みいづ》であります。御稜威は天皇の御性質であります。

それはいかなるものかと申しますと、面倒な哲学的説明は捨ててしまって、天皇という言葉の日本語における正しき御名を拝誦いたしますれば、明白な事でありまして、「天が下知食《しろしめ》すすめらみこと」と申し上げます。スメラとは統一の義であり、ミコトとは御言《みこと》、すなわち言葉の義でありますから、天皇とは、すなわち言葉の統一者ということになります。

これをギリシア語で申しますれば、ロゴスの統一態もしくは統一者、その把持者という事になるのであります。こうした言葉《ロゴス》の統一態・完成態を納めるものがこの甕であるのであります。

そうしたら甕《みか》あるいは瓶《かめ》というものは一体どんなものかと、今度は形而下において考えてみましょう。

これは世界を通じての話ですが、太古は言葉や文字が出来上りますと、これを埴土《はに》盤に刻して窯《や》いたものでした。これが、支那からも印度からも、殊に西南亜細亜地方から、考古学者が現在盛んに出土するところの、いわゆる粘土盤文字（Clay-tablet）であります。

キリスト教の旧約聖書創世紀第一章に「去来瓦石《いざかわら》を作り、之を善く焼かん」と記されてあります事も、正しくこの消息を伝えたものに異《ちが》いありません。我が日本でも、古事記の中に、この事を明らかに伝えてあるのでありまして、天之御中主神より数えて第五十一番目の神、言い換えれば大事忍男神より第三十三番目の神の名を「火之迦具突智神《ほのかぐつち》」と申します。

迦具土はカクツチの呪文的表現、すなわち書土《かくつち》という事と理解いたしますと、それは子音で申せば三十二、父母子音の全部をひっくるめて申せば、五十音全部を埴《はに》土の上に刻して窯《や》くことの意義が出て参ります。この埴土、すなわち甕であります。

すなわちこの甕の中には言《こと》の性《さか》（酒）を入れ、更に完成した大きな甕には、天皇の御稜威の全体系を記すのであります。この御稜威を記した日本の代表的な甕の一つを、武甕槌《たけみかつち》神などと申しております。この迦具突智神である甕に記した文字は、仮名《かな》（神名《かな》）でありますから、この神名を集めて積み上げたものが、金山毘古《かなやまびこ》神、またはその埴土を安定したものが波邇夜須毘古《はにやすびこ》神、更にその甕全体に枠を結んで纏め上げたものが、和久産巣日《わくむすび》神であります。

このように言葉と文字の上から難解と言われる古事記を読んでいきますと、案外容易に釈けていくものでありますが、とにかく浦島太郎の亀という言葉を動物の亀と取らずに、甕と解釈したらこれだけの意義があらわれて参ります。この亀に関する伝説は、隣邦支那などにも色々ありまして、その代表的なものは周易の淵源となっている河図・洛書・甕卜であります。周易というものは、大昔、洛陽の河に出た霊亀の背中にあった文字（図形）を基にして出来上がったと申しますが、これを同じく動物の亀と考えたら荒唐無稽な話に終りましょうが、粘土盤文字の事と考えたら真相がはっきり致しましょう。

与謝の浦島太郎を龍宮へ案内した亀というのは、こうした意味の亀でもありましたろうか。

龍宮城は海の水の底にあると言われます。またこの海を現実の海を考えてはいけません。海をウミとよみます、これには産《う》みの字が当てられます、更に精しく書けば産霊《うみ》となります。それは無限に物を生み出すところの大自然の創造生産の活《はた》らきを意味します。大宇宙の森羅万象のすべては、言葉《ロゴス》の生成化育のあらわれでありまして、産む活《はた》らき、産み出されたもののすべてをひっくるめて、日本語では海《うみ》の世界と言うのです。

古事記序文にも、三貴子の出生に関して「海水に浮沈して神祇《しんぎ》身を滌《そそ》ぐに呈《あらは》る」と記されてあります。伊邪那岐大神の禊祓《みそぎはらい》という事は、この形而上の言葉の海において、なされることでなければなりますまい。この産霊《うみ》の世界という事に気が付かぬ人々は、ウミをそのまま現実の海と解して寒中海に飛び込みます。しかしそれでも、禊祓の厳粛な気分だけは味わえるでしょう。

太古の人々は、ロゴスの海の世界を探そうとして、世界の各民族がそれぞれの甕を造ったのでした。この甕という亀に案内されたなら、あるいは海の底にある龍宮に到着出来ようかも知れません。

海の水とは海や河の本質のことです。それは前述のように、宇宙のロゴスの統一態であられる天皇の御本質である御稜威のことでありまして、更にこの水の底と申せば、その御稜威の根底のことであります。これをむずかしく申せば、天皇の御稜威が御稜威たるべき、もっと直截に申し上げれば、天皇が真に世界の言葉の統一者としての天皇であられるための根本的な原理、という意義になって参ることでありましょう。

そうしてこういう意味における海の底に、厳然と建てられてあるのが龍宮城であるのであります。

龍宮城

以上の解釈をもちまして、多少なりとも宗教とか、哲学とか、あるいは科学理論に興味を持っておられる皆様には、「龍宮」とは一体どんなものであるかという、大体の見当はお付きになった事と存じます。

そこで、龍宮という言葉を、改めてその字義の上から釈いて参りましょう。

この龍の字をその構成要素に分解いたしますと、偏《へん》は音の字であり、作りは飛の字であるとも見られましょう。よって龍とは音が飛ぶということをあらわす会意文字でありまして、音が飛ぶということは、人間の口から声（音）が発せられて空中を伝わって行くこと、いわゆる音波のことであります。

この龍宮を和訓ではタツとも訓《よ》みますが、龍と蛇、あるいは蛟《へび》、虬《みずち》などというのは同じものでありまして、蛇をクチナハと申します。クチナハは口縄の義でありまして、父韻と母音とが呼び合わされて（これを婚《よば》いと言います）、口から縄の如くに糾《あざな》われて出て行く様を言います。その出て行く様が動物の蛇の匐行《ふくこう》に似ているから、その動物の名もやがてクチナハと呼ばれるようになった事であるのでしょう。

このように龍という字や言葉には、音ないし言葉という意義が、その字源と語源のうちに含まれているものと考えられます。

現在は便利な世の中でありまして、オシログラフという道具を使うと音の写真を写す事が出来ます。その写真を見ますと、各父韻や母音はそれぞれ異なった特有の音波の形状を示しまして、私共にも色々参考になるのでありますが、大昔、日本や支那の聖人達が言葉の性《さが》を研究する上において、オシログラフは使いませんでしたろうが、それを使ったと同じような瞑想的な内観とか、比較研究を重ねた事でしたろう。支那の蒼頡《そうけつ》が、太古の結縄文字（龍形文字）を作ったという伝説がありますが、縄文字とは口縄文字ではありますまいか、それは瞑想によって把えられた音の性質を縄の形に図示したもののように考えられましょう。

平田篤胤が集めました日本の神代仮名文字の中にも、草《くさ》文字というのがあります。蛇か蚯蚓《みみず》が集ったような一見奇妙な文字でありまして、古事記ではこれを「蛇の比礼《ひれ》」と申しております。その他ついでですから申しますが「百足《むかで》の比礼」というのは、楔形文字もしくは鳥跡文字の事であり、「蜂の比礼」というのは大八島文字の事であります。

なお支那人は、龍というものを更に爬虫類の形に擬《なぞら》えて、面白い絵を創作しました。これが私共が絵で見る龍の姿でありまして、音とか言葉というものの、形而上的な性質を象徴して芸術化したものであります。

また昔、支那の最初の天子である黄帝は、龍政を行ったと伝えられていますが、この龍を形容詞として用いられたものとせずに、言葉《ロゴス》という意味に考えますと、龍政とは言葉の政治という事になり、文字の政治が起らぬ前の、太古の支那の有様が何やら判って参りましょう。

龍字を日本訓《よ》みでタツと訓《よ》んだ場合にも、同じような意義があらわれて参ります。タツはタチの音便でありまして、タチは漢字を当てて見ますと性質《たち》となります。タチは性《サカ》（酒・坂）と同義語でありまして、古事記においてはこれを器物に呪事化しまして「鋤韓《からさび》の横刀《たち》」などと用いております。事（言）の気を連ねてその性質を示すことを剣《つるぎ》（連気《つるぎ》・連義《つるぎ》）と申しまして、前述しましたように、それにはキシチニヒミヰリの八個の父韻の言性《ことさが》が用いられます。これを八拳剣《やつかのつるぎ》と申しますが、五十音を甕の上に刻みます時、父韻は横に並べますから、これを横刀とも書くのであります。そこで龍とはタツであり、タチ（性質・横刀）でありまして、龍宮はすなわちタツノミヤ、タチノミヤ、言性《ことさか》の宮という意義になるのであります。

龍宮というものに関して、今日まで、人々が勝手な想像を逞しくしていた神秘的な先入観念を捨てて、日本語の原理の上から考えて参りますと、それは結局言葉の宮であるというのが、その正当な解釈であるように思われます。しかも、この龍宮は産霊《うみ》の水《みず》の底にありまして、天皇の御稜威の根底をなすものであるのであります。

　ところでまた龍宮の宮の字でありますが、これをミヤと訓《よ》みます。これに霊《み》屋《や》という字を当てますと、霊は言霊《ことたま》のタマでありまして、玉の緒《を》・勾玉《まがたま》・御統《みすまるの》玉《たま》などと申しますと、これまた言葉のこと、殊に霊または魂といえば言葉の本質、もしくは精髄である清浄無垢な生粋の言《こと》（事）をいうものでありますから、その霊《み》の屋（家）と申せば、そうした霊《たま》をもって組み立てられたもの、すなわち言《ロゴス》の組織体という意味になって参ります。

　龍宮の意義は中々深遠なものでありまして、実はこうした短い文をもってしては、簡単に述べ尽くす事は到底出来難いものであります。しかし、おおよそこのような意味における龍宮が、大自然の産霊《うみ》の底に必ずなければならぬものである事は、世界人のすべてが信じて疑わないところでありまして、この信仰を思惟の根底に持っているのでなければ、一見、宗教や哲学とは無関係に見える自然科学さえもが、成立し得ない事になります。

もしこの大自然のロゴスの龍宮の組織が、仮に今の刹那にこわれたとしたら、宇宙の森羅万象は、次の瞬間、木端微塵に爆発して跡方なくなり、世界は元の混沌に帰ってしまう事でありましょう。龍宮とは、これほど重大な意義のあるものであります。そうして、またこのような言葉《ロゴス》の組織体を、御稜威の根底として、龍宮すなわち言葉の宮として、自覚し把持しておられるお方こそ、まことに「天が下知食す天皇《すめらみこと》」であられるわけであります。

さてもこのような龍宮城に、そこのご主人として住まいしていらっしゃるお方が、すなわち伝説の乙姫様であります。

乙姫

乙姫をオトヒメと読みます。

この言葉は、もはや、なんら疑議を挟む余地もないほど明《さや》かに、音秘《おとひ》めでなければなりますまい。音とは古事記にも「橘の小門《おと》（音）」・「弟《おと》（音）棚機《たなはた》」などと随所に記されてありますことで、言葉という意義ですから、音秘めとは言葉を秘めて隠してあるということです。

その言葉はどんな言葉かと申しますと、宇宙の海（産霊）の底、世界の稜威《みづ》の底の、龍宮という言葉の宮殿の中に、その海と水の根本原理である最も幽遠な言葉を奥深く秘めておくというのでありまして、人格的に見ますれば、その言葉を秘めて持っている人が、すなわち乙姫様であります。

「龍宮の乙姫」の意義をここまで釈いて参りましたならば、今まで述べて参りました水江《みずのえ》の与謝の浦島太郎が何の目的で水の中へ這入って、この龍宮を訪れたものか、皆様も見当はお付きになった事と存じます。

しからば、このように乙姫によって秘められた言葉《ロゴズ》でありますならば、そういうロゴスは、それが秘められなかった昔の時代に、現実のものとして実際に存在していたものであったでありましょう。もとから有ったものですから、それをことさらに秘める事も出来たわけです。もし、初めから無かったものならば、秘める事も出来ないはずではありませんか。しかもそれが秘められてあるのですから、今でもなお、この世界中のどこかに隠されてあるものとも考え得られましょう。隠れてはいるが、今もなおどこかに厳存しているもの、と考えたいものではありませんか。

それを宇宙のどこかの隅っこから、今改めて探し出そうためには、顕微鏡や分光器がなければならないわけのものでありましょうか。

自然科学者は一体ああして毎日こつこつと何を探しつつあるのでしょう。

しからばまた、伝説に伝えられた遠い昔のこと、龍宮の乙姫は何の必要あってこのように言葉を秘めたものなのでしょうか。

またいつ頃、そしてこの世界のどの辺りに秘め隠して置いた事でありましょうか。

この辺の事が、「龍宮の乙姫と浦島太郎」の言い伝えが、今日の私共に語り継ごうとしている一番肝腎な部分であるように了解されますから、まずまずゆっくり解釈を進めて参ることと致しましょう。

そしてそのためには、参考として世界の太古の歴史をひとわたり、殊に東洋史のある部分を、一通り調べてみる必要もあるのです。伝説では、浦島太郎は龍宮城を訪ねて、毎日非常な歓待を受けた事が伝えられています、しからば、浦島は何故そんな歓待を受けねばならなかったのでしょうか。

また、この歓待にはどんな真相があるものでしょうか。

それから浦島が貰ったという玉手箱のこと、または、浦島が帰国した時の与謝の浜辺が荒れ果てていた理由などなども、歴史を調べて行く上において、自然と釈けて参ることでありましょうと思われます。

ですからここで、暫くの間、筆を転じて、そうした方面の話に移ることと致します。

ギリシア神話

世界の神話とか伝説を調べて参りますと、今の歴史の研究がまだ届いていないほどの大昔のある時、この世の中から言葉が隠されたという話が、殆ど世界各民族共通の伝説として残っております。

まずギリシア神話を例に取ってみます。

昔、この宇宙が初まって間もない頃、ティタン神族というものが、この世界を治めておりました。ティタンは、ウラノスとガイアの間に生まれた子供達でありまして、オーケアノス、コイオス、クレイオス、ヒュペリーオーン、イーアペトス、クロノスなど、六人の名が伝えられており、またその事蹟も色々と知られておりますが、このティタン神族の時代は、後世ギリシアの芸術家や哲学者達にとって、永遠の思慕の対象でありました。すべてのギリシア文化は、この思慕のあらわれであると申しても差支えないほど、この上なく平和な生々とした理想的な時代でありました。この時代をギリシアの黄金時代と申しております。この黄金時代に対して、ティタン神族の滅亡後、オリュンポス山にいる十二神族の頭であるツォイス（ジュピター）が世界を治めるようになった時代を、白銀時代と申します。

　このティタン神族とはどんなものであったかという事を、私共も言葉を学ぶ上から考えて見た事があります。ティタンという名前には「白《しろ》」という意味と深い関係があるようであります、今日白粉《おしろい》の原料に使われる金属ティタニウムは、この神族の名前から取ったものでありまして、ティタンとは白いもののことであることは、ギリシアの大昔から知られていたことであります。そこでこの世界からティタン神族が滅亡したという事は、「白」が滅亡したという事になるものと考えられます。

　そうしますと白とはいかなる事でありましょう。

はなはだ唐突のようでありますが、この白という言葉を、まず日本語において調べて参りましょう。光の学問から申しますと、白とはそこからすべての色が放散する素《もと》の色であります。この故に素《もと》と書いて白とも訓《よ》みます。この反対が黒あるいは玄であります。黒はあらゆる色が集まった結果の色であります。

世の中のすべてを物事と申しますが、この物と事とを分けて考えますと、事とは、太極のものからすべての相《すがた》が現われて来ます過程でありまして、これを仏教の言葉を借りて申しますと、眼・耳・鼻・舌・身・意・摩那《まな》識・頼耶《らいや》識・庵摩羅《あんまら》識の九識《しき》（色《しき》）という事になります。識といえば事を主観の側から見たこと、色といえば客観から見た場合でありまして、結局は同じ事の両面であります。

そしてこのようにして、すべての色《しき》が出切って、それが結ばれますと、具体的な物となります。光の方面から考えられます白色と黒色の関係は、丁度この事と物の関係の典型であります。

以上、色と識とで説きました事と物の関係を、日本の言葉の道に照らし合せて申しますと、日本語ではまず事《こと》と言《こと》とは同義語であります。色あるいは識はいわゆる事でありまして、この事を精神と物質の両面から同時に捕える道が、言すなわち言葉であるのであります。

こうしてあらゆる言が出切ってしまって時処位《じしょい》についてのすべての条件が完備いたしますと、ここに初めて物が産まれて参ります。このモノとは百汝《もの》の義でありまして、日本語の基本の実相である五十音を陰陽に分けて合わせますと、百という数を得ます。この百が事（言）の究極数で、事がこの最高の条件を完備いたしますと、具体物となって対象化されます。すなわちこれが汝《なんじ》になるのです。「百の汝」というのが物《もの》の語源であります。

そこからあらゆる色が放射されます白という色は、これを言葉の原理に照らし合せますと、言葉のあらゆる実相があらわれて参りますところの素《もと》のもの、すなわちその実相がいまだ現われずにいて、しかも現われるべき要素を完全に具備したものがこの白であります。

そこで日本語においては、白ということと、言葉ということとは、深い関係がありますもので、白と書いてマウス（申）と読みも致します。

また日代《ひしろ》（樋代・霊代）と申せば、神社の神体のことでありますが、それは霊《ひ》すなわち言葉の拠《よ》り代《しろ》（白）、すなわちあらゆる言葉が生まれて来る原図であるところの白きもの、という意味のものです。

白ということを、言葉の上からここまで考えて参りますと、前述のギリシア神話のティタンの時代ということも、何を意味しようとしているものか、おおよその見当は付きそうに感じられます。ティタンが滅亡したという事は、白が滅亡したということに当たり、白とは色の素、言の素でありますから、それは素の言葉が滅亡したという意味ともなるではありませんか。

この素の言葉のことをギリシア語ではロゴスと申します。そうしますと、ティタンの滅亡とは、ロゴスの滅亡という事になろうと思われます。しかし元よりティタンは不死不滅の神族の事ですから、ツォイス神族に滅亡されたといっても、全然この宇宙からその存在性を失くしてしまうわけはないのです。それはただ人間の意識や記憶の世界から姿を隠してしまっただけで、ティタン達は今でも人間の知らぬ次元に住んでいて、盛んに人類のために活動を続けているとギリシア神話は伝えております。

あらゆるギリシアの文明は、このティタンが隠れた後に澎湃《ほうはい》として起こったものでした。それは、ティタンの黄金時代には、顕わに行われていたはずのロゴスに対する、限りなき思慕のあらわれであります。このロゴスを自然の中に行われる不可言不可説の道理と考えます時、この道理が人間の意識の上にひらめきあらわれましたものを、イデアと申します。このイデアに対する思慕を、エロスと申します。

このエロスは、ギリシア人にまずデーメーテールなどに関する太古の祭祀の方式を編み出させました。またその後、同じ思慕は、ホメロスなどの詩人をして神話を編ませました。ギリシア神話の骨子をなすものは、ホメロスの当時までは、まだ多少の言い伝えは残っておりましたでありましょうところのロゴスのある部分のようにも思われます。そしてその足りない部分を神話の芸術観をもって補おうとしたのがホメロスやヘシオツドの為事だったのではなかろうかとも思われるのです。

この神話時代の後には、今日の西洋哲学の淵源であるギリシア哲学がはじまりました。その中で、「ソクラテスはイデアの数を知っていたろうが、私は知らない」と弟子のプラトンが言っております。

このようにしてギリシア人は、大昔のティタンのロゴスから年代を追うに従って、次第々々に遠ざかるにつれて、イデアに対する思慕の念は益々盛んになって、ギリシア文化の華を咲かせました。

ギリシア人は、そしてギリシア文明の継承者である現在のヨーロッパ人は、遠い昔、ティタンの名と共に白なるものを携えて、この現実の世界の背後に隠れて行った彼等の祖先である神族の偉大なる慈悲に対して、無限の感謝を捧げなければならないでしょう。しかしティタンは、神話にある通り死んで失くなってしまったのではありませんから、私共の気がつかぬ、どこかの次元の中にか、必ず生きているはずでありましょう。

生命の城

旧約聖書は、猶太《ユダ》民族の神話とも歴史とも考えられる書物であります。その冒頭の創世紀には、皆様がご存知のエデンの園の閉鎖の記録が載せられてありますます。エデンの園は、猶太人に取っては、あだかもギリシア人におけるティタンの時代と同様な、太古の理想的な楽園であります。このエデンの園はいかなるものかと申しますと、その精しい説明が新約の方の約翰《ヨハネ》の黙示録に載っております。

天使生命の水の河を我に示せり、其水澄徹《すきとほ》りて水晶の如し、神と羔《こひつじ》の寶座より出づ、城の衢《まち》の中および左右に生命の樹あり・・・・・その樹の葉は萬國の民を醫すべし。

この記事はキリスト教の方面では、極めて難解のものとされておりますようでありますが、例によって言葉の上から日本的な解釈を加えてみましょう。

生命の河と申すものは、我が古事記においては、筑紫《つくし》の日向《ひむか》の橘《たちばな》の小門《をど》の阿《あ》波岐原《はぎはら》の「上ツ瀬、中ツ瀬、下ツ瀬」として述べられてあります。これは生命の河、すなわちその実体が時間の間を流れて行きます有様をあらわしたものでありまして、上ツ瀬は感情、下ツ瀬は意志、そして中ツ瀬は知性であります。人間の生命はこの三段の瀬をなして流動するものであります。思想の完成である禊祓ということはこの中ツ瀬の知性においてなされねばなりません。

同じき旧約聖書において、エデンの園の縮図を示したものと言えるノアの方船が、上中下三段に作られてあると記されてある事を対照しますと、ひとかたならぬ興味を覚えるものであります。

次に生命の樹のことを、日本語では「高木の神」と申します。この神名の元の形を「高御産巣日神《たかみむすび》」と言いまして、これはここから宇宙のすべての事、すなわち言（事）葉があらわれて参りますところの根本の気（木）のことでありまして、この気が事としてあらわれ尽して、物として纏った状態を「神産巣日神」と申します。

宇宙のすべての事、すなわち言葉は、この高御産巣日と神産巣日の間に生い茂っているのであります。言葉の道では前者をアイウエオであらわし、後者をワヰウヱヲであらわします。これはいわゆる母音と半母音でありまして、この両方の間に生まれた葉、すなわち言葉が、カサタナハマヤラの八行四十個の子音であるのであります。

まさに日本の古事記の記述と聖書の記述とが、ぴたりと符合をするのではありませんか。このアイウエオからワヰウヱヲまでに到る間に、エホバ神の生命の契約である、虹《にじ》の色のように現われて参ります八行の子音は、生命が事（言）として現われる現れ方の最も要約された生粋の姿を示すものでありまして、すなわち、この八行の子音の言（事）義を確り体得して、それを正しく使うことによって、宇宙の生命に関するあらゆる問題は、精神と肉体とを問わず、ことごとく解決さるべきものでありまして、すなわち万国の民は、これによって医されるわけであります。

「エホバの櫨はエルサレムにあり、火はシオンにあり」と言われますが、このシオンの山なるものを右の八行（八間《やま》）の子音《シオン》の事と考えましたら、あまり牽強附会の事と申さねばなりますまいか。

それにしても、イズラエルの民が、自らを呼んでいるところのイズラという言葉を日本語に直しますと、「五十連《イズラ》」となります。五十連とは、宇宙の事（言の生粋の相である五十の音を連《つら》ねたものであります。これを私共は五十鈴之宮とも申し上げているのであります。ここまで申しますれば、右の生命の城の意義も分明《ぶんみよう》になった事と思います。城とか衢《みち》とかいう事は、組織体のことで、これをむずかしい言葉で言いますと範疇と申します。エデンの園はまさしく生命の城でなければなりますまい、そこには生命の樹（高御産巣日）と智慧の樹（神産巣日）両大樹が対立しております。

昔、相平行してヨーロッパの文明の淵源をなしたところのギリシアのティタンが、自らの〝白《しろ》〟（言葉）を隠したと同じく、最高の慈悲を有せられる猶太人の神はその生命の〝城《しろ》〟（白）の楽園を閉鎖して、彼等の民に、ただ知慧の樹の実、すなわち物の道のみを与えて、生命の樹の道、すなわち言の道を塞いでしまったのであります。

キリスト教文明、殊にヨーロッパの科学文明は、この智慧の樹から発して、生命の樹への思慕のために、アダムの裔に科《おほ》せられた営みを幾千年となく続けて来て、今日の発達を見たのであります。しかしばこのようにして、神話的にと申すのではなく、歴史的にイズラエルの民の前に閉ざされたエデンの園、すなわち生命の言（言葉）の全き範疇は、今どこにどうなっていることでありましょう。

それを探すためにはいま考古学者達がやっていますように、その民族の発祥地であるチグリス・ユーフラテス河畔を現実に捜索せねばならぬものでありましょうか、それとも、あるいはまた、アダムに科せられた罪の営みである科学を、なおも無限の未来に向って依然として続けて行かねばならぬ定めのものでありましょうか。

彼の罪は、無限の慈悲を有し給うエホバが、早晩赦して下さるものと私共は信じております。しかしこの場合、アダムの裔の人々が、その赦しを亨ける事を肯《がえ》んじないものなら、詮方《せんかた》ない事ではありますが。

ここで良きついでですから、印度文明に関する事も一言申し上げる事といたしましょう。

この言葉の道に関しては、釈尊がその涅槃経の中に、明《さや》に「白衣隠没」と説いております。そうして如来は、在世中、ただ文字（涅槃）の道のみを釈いたのでした。如来蔵の全き内容は、一体どこに、いかにして隠没してしまった事でしょう。

精しくは、涅槃経とそして法華経について、お調べのほどお勧め致します。

秦始皇帝

さて、その次は、隣国支那の文明に関しての話であります。

この国は、記紀の中にも、早くより「そしじの胸国《むな》」という名で伝えられておりまして、天竺やヨーロッパよりは、遥かに我国と密接な関係があるのですから、また殊に「龍宮の乙姫」の物語りとは、直接の歴史的関係があるものと予想されるのでありますから、支那の事は少しく精しく申し上げて、民族の持っている神秘の内容を説明したいと存じます。

そのためには、東洋史上でも最も神秘的な伝説的な時代であるとされている、秦朝の事から説き初める事が、最も意義深いことでありましょう。

昔、秦の始皇帝が蜀の地に起こって、六国を合せて、中原を掌握し、自らを太古の支那の聖人である三皇五帝に擬えて皇帝と称し、彼をもって第一世として、その覇業を二世よりして、万世に伝えようと考えました。ある時は万里の長城を築き、阿房宮を営み、ある時は国内の儒教に関する書籍を焼き尽くし、また儒者を坑《あな》めにして、惨虐この上ない帝王であると伝えられております。

とくに悪評ばかりが残っている始皇帝ではありますが、彼の心の半面には、やはり人並みなところも有ったらしく、その覇業を、他の総ての支那の帝王達と同じように、子孫万世に伝えたいと切実に願ったのでありました。

その頃、支那の昔の聖人、すなわちいわゆる先王の教えの一部として、古くから伝わっている説話がありました。それに由りますと、支那の東瀛《とうえい》に当って蓬莱《ほうらい》の島というのがあります。

老子や荘子の流れを汲む支那の神秘主義者、あるいは神僊家と言われる、いわゆる道家の人々は、時に山東省の巫山の頂きなどに登っては、渤海《ぼっかい》の彼方にありと聞くその蓬莱の島に向って、限りないあこがれの情を遥かに送ったと言われています。その東海の中にある蓬莱・瀛洲《えいしゅう》・方壺《ほうこ》の三山、もしくはこれに岱輿《たいよ》・員嶠《いんきょう》の二つを加えた五山には、昔から神仙が棲んでいて、不老不死の仙《せん》丹《たん》を練るという言い伝えがあるのです。

始皇帝は帝王の位におりましたが、道家の学問に造詣が深く、一方儒教を忌み嫌って、書を焚き、儒者を坑《あなうめ》にした半面に、当時の道家の学者や神遷家達などを保護し、宮廷内でも重く用いていた事実があったことは、歴史上にも明らかなところであります。始皇帝もまた、すべての道家や神遷家の人々と同じように、彼《か》の不老不死の仙丹を欲しがる一人でした。

それはその仙丹を得て、彼の肉体の寿命を不滅のものにしたいというためであったのかも知れません。天下を掌握した次には、そういう願いが起こる事は、あるいは人情の自然でもあるでしょう。

秦の宮廷には、多くの神遷家達が集まって、鬼神を祀ったり、あるいは東方に描かれる神秘の世界の瞑想の中を、そこここと彷徨《ほうこう》しつつあったことでありましたろう。その他にまた、彼等は現実に不老不死の薬を製造しようとして、様々な苦心をしたこともありましたろう。

これを練丹還金の術と申します。それはそういう薬を得ることと同時に、黄金を製造しようとするために、草木魚介を煮たり、金石を砕いたり、硫黄や丹砂を焼いたりすることであります。王室の実験室の中には、日夜硫黄や水銀の妖しい煙が立ちこめて、営々の研究が続けられた事と想像されます。

瞑想や内観の方法によらずに、現実の物を合せて仙丹を得る法を、特に外丹の法と申しますが、この仕事は後世漢時代に入って、西域すなわち欧州と支那とが交通するようになりますと、彼地に伝えられて、アラビアのアルケミーの基となり、ひいては現代の物理化学の淵源をなしたものでありまして、支那の道家、神遷家の仕事も、自らはその成果を収める事は出来ませんでしたが、歴史的に見て人類のために、決して無駄な仕事ではなかったと申す事が出来ます。

しかしこの事をよくよく考えて見ますと、秦の始皇帝は、六国を平定しましたほどの英邁《えいまい》な帝王でありまして、支那史上稀にみる傑物であります、決して低脳児でもなければ、誇大妄想狂でもなかったはずであります。

少しく考えて見ますと、いかに仙丹を練ったとて、それによって人間の肉体の寿命を不死のものにしようと願う事は、言わば自然の理に反することでありまして、到底出来難い相談であります。このくらいな理をわきまえぬ始皇帝ではなかったはずでありましょう。こう考えて来ますと、始皇帝ほどのものが、あれほどに望んでいた不老不死の仙丹なるものは、必ずしも肉体の寿命を不滅のものにする何かの薬品といったようなものではなくして、実は、もっと別な役目を持ったものであるはずとも考えられましょう。

そうしたならば、その不老不死の仙丹は、あるいは彼が武力をもって開いた秦の国の覇業を二世よりもって万世に伝えようという彼の念願に、何か関係ある事ではなかろうか、とも考えられるでありましょう。

不死の霊薬を肉体の寿命を延ばす薬と考えず、秦の社稷《しゃしょく》を不滅のものにすべき何かと考えましたら、その意義が次第にはっきりして参りましょう。

方士徐福

この始皇帝の寵臣に、徐福という人がありました。

方士といって、道家の術をよくする人でして、皇帝と志を一つにして、蓬莱の島に思いを寄せている一人でした。この皇帝と徐福や、そのほか秦の宮室に集った方士達が、いつも何を研究していたものか、またどんな相談が持ち上がったものか、その様子を精しく知るわけにはいきませんが、ある時始皇帝は、徐福に男女数百人の子供を預けて、彼の東海にありという三山に渡って、そこに棲む神仙から、不老不死の仙丹を貰って来る事を命令いたしました。

そして間もなく徐福は船を艤《よそお》って、童子達と一緒に東海に浮かんだのでした。

さて、これから以後の徐福の行動については、歴史の上でも極めて曖昧模糊としておりまして、色々な文献だの伝説だのが区々《まちまち》になっています。ある説によりますと、徐福の船は我が日本の紀州の熊の浦に着いたと言われます。紀州には今日でも徐福の墓というのがあって、その附近には口碑も残っております。ですから徐福は、ここが蓬莱の島であると思って、我が国に上陸したのかも知れません。

ある説によりますと、蓬莱の島ならぬ我国へ渡って、ここで散々不老不死の仙薬を探したのですが、遂に望み通りのものが見つからず、空しく帰国すれば、始皇帝の怒りを買うことが恐ろしいために止まって、童子童女達と共に日本に帰化したとも言われます。現在、日本で秦《はた》または波多野姓を名乗る人の中には、あるいはこの徐福一行の子孫も交っていることでありましょう。

またある説によりますと、徐福は肥前の唐津の浜から帰国の途中、暴風に遭って、難破して死んでしまったとも言われています。このように徐福に関する言い伝えや遺跡やらは、はなはだ不明瞭でありまして、本当の事実の闡明《せんめい》は、そうした方面に趣味でも持たれる人々にお任せするより他はありません。

以上色々な説を総合いたしますと、徐福が日本に渡来した事だけは事実であるようです。そうしますと、徐福が渡ろうとしました蓬莱の島と、我が日本との間には一体どんな関係があるものでしょう。蓬莱の島とは、元来我が日本を指していうことなのか、それとも、日本以外に、どこか太平洋の中にでもあるものなのか、この点が未だ明《さや》になっておりませんが、とにかくしかし、ここで問題になる事は、徐福が現実に渡来したところの我が日本で、彼の求める不老不死の仙丹、もしくは起死回生の仙薬と言われるようなものが、果たして見つかったかどうかということです。

この点に関係して私共が調べました一つの参考文献があります。学界などでは問題にされておりませんが、それは富士朝文献とか宮下古文書とか言われているものでありまして、秦の徐福が書いたものと伝えられておりますところの、我が日本の古い時代、殊に神武天皇以前の歴史を書いた詳細な皇統譜でありまして、漢文で書かれてあります。

もしこの文献が本当に古いもので、本当に徐福が書いたものであるとしますならば、徐福はこの日本に帰化してか、しないでか、いずれにせよ我が日本の皇室に関し、また日本の太古の歴史について、ひとかたならぬ興味を持ち、並々ならぬ深い研究を続けたものであった事が想像されます。そしてこの点が、私共に取って非常に意味深重に思われるのであります。

この徐福の研究を一応事実と仮定いたしますと、しからば徐福は、何故にこのような我が皇室の歴史に関心を持ったものでありましたろう。これがまた問題にならなければなりません。

彼の蓬莱の島への渡来の目的は、不老不死の仙丹の獲得にあったはずでありますのに、故意か偶然か、日本へ来て、何故に皇室の事をこのようにまで調べようとしたものなのでありましょう。そこで徐福が求める不老不死の仙丹と、我が皇室との間には、あるいは何か深い関係があるのではありますまいか、とも考えられましょう。

そうしてこの辺のところに、実は前述しました「龍宮の乙姫と浦島太郎」の言い伝えの謎を釈く鍵が、みつかるのではなかろうか、と考えられるものであります。

先王の道（一）

秦の方士徐福と始皇帝の間には、前述の如く、その背《うしろ》に濃厚な道家的、神僊説的色彩が動いています。

由来、老子荘子を中興の祖と仰ぐ道家神僊説は、三皇五帝という、支那の先王達の道を継承し、殊には周代に完成された易の思想などを形而上学的に取扱おうとしたものでありまして、後世それがいわゆる道教に堕落してからは、種々な奇怪な神秘説が交ざってしまいましたが、この純形而上学的であるという意味においては、同系、先王の道を、形而下の道徳や法律の実践実施に直接あらわそうと試みた孔子や孟子以下の儒教に比して、あだかも老子が孔子よりも年長であった如くに、すくなくとも秦の時代においては一日の長があった事と想像されます。

この両者は後世、宋の時代に入って、仏教と合流して、宋学の中に渾然として融合させられてしまったものですが、孔子は老子を称して、龍であるとして尊び、老子はまた「大道廃れて仁義あり」などと、形式的な道徳を問題外にしていたところなどを考えますと、当時における両者の意気合いの相違が明らかに察せられます。

そしてこの孔孟と老荘とで、いずれが正系の支那思想であるか、一概には断定を下すべきものではありますまいが、すくなくとも秦の王室においては、道家の説が支那哲学の正系のものであると認められていた事は事実でありましょう。焚書坑儒もこの風潮の反影であります。

そもそも、支那における先王の道とはどんなものでありましょう。

古い開闢説話によりますと、この宇宙は盤古というものから始まり、三皇と五帝が生まれ、その活動によって天地の修理固成が出来上がり、天文地誌が究められ、数理が組み立てられました。この数理が体系的に纏められたものが周易でありますし、また形而上的な天文地誌が、石や粘土や金属・陶土器、あるいは紙の上に図形として記されたことが、象形文字である漢字の始まりであります。

またこの同じ数理や天文地誌は、他の方面においては神話的伝説に脚色されて、前述の三皇五帝、すなわち天皇、地皇、人皇、もしくは伏儀《ふつぎ》・神農《しんのう》・燧人《すいじん》とか、黄帝《こうてい》、顓頊《せんぎょく》、帝嚳《ていこく》、帝堯《ていぎょう》、帝舜《ていしゅん》、そのほかあるいは蒼頡《そうきつ》とか、女媧《じょくわ》、共工《きょうこう》、義和《ぎわ》、嫦娥《じょうが》などという人間のような神のような、自然物のような、途方もない大きな力を具えたものについての物語りになったのでありました。

これらの天文地誌と言っても、神話伝説と言っても、ギリシアの場合と同様でありまして、そのもとは全く一つのものであったに相違なく、いずれも太古の聖人の思索の内容を、それぞれの方法によってあらわし示したものと思われます。


先王の道というのは、すなわちこれらの伝説的な名によって呼ばれている聖人達が究めた道の内容を言うのでありまして、これが周の華やかな時代を経て、純形而上と形而下に分かれて、老荘と孔孟の教えにまで進んで行った道筋は、もはや誰でもよく知っている事ですから、精しく述べる必要はありません。

こういうわけで本当の支那の先王の道を究めるためには、どうしても周以前に遡って、古い神話とか天文地誌とかを改めて考え直してみなければならないわけです。秦の王室の豪華な宮廷に召された道士達が、鳩《ひたい》を集めて日夜研究していた事は、恐らくはそうした形而上的な、古い昔の事がらであったものと想像されます。

この先王の道というものは、老子もそれを説くために、わざわざ自分の姿を昧《くら》ましたほど熱心さを傾倒したものですし、孔子もまた、それをあれほど苦心して生活の実践にあらわそうと努めたことであるし、また近代においては孫文の三民主義の思想の中にも強調されております如く、古今を貫いて流れているところの永遠の支那人の理想であり、思慕の対象であるのであります。

しかもその理想の世界が西洋人のユートピア思想のように未来に描かれる表象ではなくて、過去、太古のある時代に現存していたものであると信仰しているところに、支那思想の特徴があると思われます。

いや、これはどうしても単なる架空の信仰ではなくて、支那に厳存していた道に対する、民族的記憶の継承、もしくは遺伝であると考えねばなりますまい。こう考えたとて、現在の支那人も誰一人としてそんなものは無かったと異議を申し立てる者はいますまい。

先王の道というものは、支那人にとって、余ほど良いもの、有難いものに相違ないのであります。

不老不死の薬

秦始皇帝が道士達と共に熱心に探し求めていたものも、こういう意味での先王の道であった、と断言しても差し支えありますまい。

しかるに一方、始皇帝は、伝説に言われるように不老不死の仙薬を探していた人であります。そうしたならば、この先王の道と、不老不死の仙丹の間に、一体どんな関係があるものなのでしょう。

前述のように始皇帝は、彼の覇業を二世より万世に伝えようという野心を抱いた男でした。万世に伝えるという事は、彼の生命と覇業とを、子孫を通じて不滅のものにしようとする事でありましょう。秦の社稷《しゃしょく》を万世に伝えるためには道がなければなりません。その道は支那においては先王の道以外には有りようはないのです。

この道さえ握ったならば、始皇帝は永遠に地上の皇帝であり得るでしょう。

皇帝とは三皇五帝の総称です。そうしたならばこの先王の道こそ、すなわち彼が切望する不老不死の仙薬そのものではありますまいか。始皇帝の事業や人となりは、歴史の上では、はなはだ奇怪なものであったと考えられています。今日でもなお、常識では解けない不審な箇所が幾多残っている様子ですが、しかしこの歴史上の謎も、この先王の道と不老不死の薬の両者を、同じものであるという考えから釈いて行ったら、案外分けなく釈けるものではなかろうかとも思われます。

そこで、秦の宮廷に道士達が集まって研究し、会議した結果、いよいよ最後に始皇帝の寵臣の徐福が選ばれて、蓬莱の島に渡って、その不老不死の仙丹を採って来ることに相談が纏ったのでしょう。

しかしここでまた不審に思われる事が出て来ました。それはこの不老不死の仙丹は、何故蓬莱の島へ行かなければ得られないかということです。秦の世を万世に伝うべき救世の薬であるならば、秦の王室の道士達が工夫を凝らして練るがよいではありませんか、またそれが支那の太古の聖人である先王の道の事を言うものであるならば、それは当然支那の本土の、支那の文献や、支那人の頭脳の中に求むべきものでありましょうに、道士達はまさにそれを自ら練ろうともせず、また自らの国の中に探そうともせず、かえってそれを東海の沖、遥かの島に求めようとしたのは、考えて見ればおかしな話です。

支那人の永遠の思慕の対象であるところの先王の道が、秦の時代に支那に存在していたものだったかどうかという事が、この問題であります。そういう道がかつて支那の太古に有った事は、伝説やら文献やらに残っていたでしょうから確かな事実には相違ありますまいが、その道が果して秦時代まで壊されずに継承されていたものかどうか、この事に関して形式的な儒教の実践主義を排斥して神秘的な形而上の学問から研究した当時の道家達の結論は、結局そういうものは支那には残っていない、という事実を明らかになし得たわけではありますまいか。それは、すくなくとも彼等が当時改めてその道を、すなわちその仙薬を練り合せる事が困難であり、不可能である事が判った結果、他の場所に求める事になったわけかも知れません。

あるいは、また彼等が改めて研究するよりも、蓬莱の島にあるはずのものを採って来た方が、手っ取り早いと気がついたためでありましょう。

けれどもそうした前後の経緯はどうでもよいとしても、蓬莱の島へ行きさえすればその薬が手に入るはずであることが判ったという点は、確実だったでありましょう。しからば蓬莱の島とは、一体どこにある島でありましょう。その島がもし神秘的に考えられる華胥《かしょ》の国とか、無可有《むかう》の国とかいう無形の場所であるならば、何も徐福が仰々しく現実に船を仕立て、子供まで引具《ひきぐ》して探しに出かけなければならぬ理由はありますまい。黄帝が夢に見た華胥の国なら、「心中にして近し」とでも言うべきものでありましょう。

しかるにその島が渤海の東にあると言われるからには、太平洋のどこかに在るはずです。そうだとしたらそれは日本本土か、台湾か、遠くはハワイかより他にそうした島は見当りますまい。

徐福が日本に来たのは、誤って偶然日本へ来たわけでしょうか。蓬莱というところが他にあるはずであるのに、日本に偶々《たまたま》上陸して、ここが蓬莱であると思い込んでしまったのでしょうか、恰《あたか》も西印度諸島に上陸したコロンブスがそこを印度と思い込んだように。

それとも彼は初めから行くべき蓬莱の島とは、日本島の事であることを承知の上でやって来たものでしょうか。伝説に残る蓬莱と日本との関係いかんという問題は、実はまことに重大問題であるかもしれません。これが釈けたらあるいは支那の先王の道の行方と所在が判明するかも知れぬ、と言うわけであります。

それは支那人のためにも、また日本人のためにも、この上なく有意義な事と言わねばなりますまい。

そこでこれを釈くべき参考の一つとして、現在伝説として断片的に支那に残されてある先王の道の内容のあるものと、我が日本の道との比較対照を試みることも面白かろうではありませんか。

先王の道（二）

渤海の東、幾億萬里なるを知らず、大壑《がく》あり、實に是れ無底の谷にして、其下に底無く、名づけて歸墟と曰ふ。八紘九野の水、天漢の流、之に注がざるなく、而して增すことなく、減ずることなし、其中に五山あり、一を岱輿と曰ひ、二を員嶠と曰ひ、三を方壺と曰ひ、四を瀛洲と曰ひ、五を蓬萊と曰ふ・・・・而して五山の根、蓮著する所なく、常に潮波に隨つて上下し、往還暫くも峙することを得ず、列聖之を毒し、之を帝に訴ふ。帝西極に流れて、群仙聖の居の失はれんことを恐れ、乃ち禺《ぐう》彊に命じて、巨鼇十五をして首を擧げて之を戴かしむ（列子湯問篇）

支那人というものは途方もなく大きく、漠々と取り止めのないようなことを言うものです。しかしそういったところで、これが気狂のうわ言でない限り、道理に叶った事である限り、また道理をもって解けないはずはありますまい。我が日本の言の葉の道の上から一応の解釈を加えてみましょう。

まず「渤海」の海を、前述しました日本語の産霊《うみ》と読む事と致します。産霊の活らきは高皇産霊《たかみむすび》と神皇産霊《かみむすび》に岐《わか》れまして、前者は能動すなわち積極をあらわし、後者は受動すなわち消極を示すものである事も前述いたしました。

八紘九野とはこの能動性がはたらく條理《すじみち》を示し、天漢《あまのかわ》とは形而上の生命の河を示すものでありましょう。老子は「谷神死せず」と申しましたが、それは受動すなわち被創造の世界で、物理学的にもエネルギーの恒存則が行われており ます。無為を説いた老子や我が親鸞上人などは、この神皇産霊の道に隠れた人達であったと言えましょう。谷が昏《くら》いものであるに対して、山は物のけじめが顕わなさまを言います。宇宙の海の創造の気の内容には、顕著な五つの要素が含まれております。

印度ではこれを地水風火空と申し、支那では木火土金水と申します。これらはいずれも気を物に結びつけて、客観化し対象化した表現でありますが、日本の言葉の道では、それを言葉の母胎に取ってアイウエオの五母音として直接無媒介に表現いたします。海中にある五山とは、まさにこの五蘊《うん》あるいは五行の神話的な表現ではありますまいか、五山のどれが五母音のいずれに当るものか、言葉の上から調べたら判ろうかと存じます。

古事記序文にも「五行の序を整ふ」と誌されてありますが、この五要素の位置を決定することは、世界観を確立する上における最初の重大問題であります。

この位置いかんによって、伊邪那岐大神、天照大神、須佐之男命などなどの色々な世界観の区別が言葉の道の上に現れて参り、その区別は直ちにその言葉を使用する思想の上に、また実際の政治経済の上に現われて参るのでありますが、太古の支那の聖帝も、このためには並々ならぬ苦心を費されたことが推測されます。

その苦心の結果作り出されたものが、十五の龞であるのでありましょう。

この龞は、亀卜《きぼく》の亀と同じ意味と解すべきで、大洪水の後に禹が鋳たという九鼎《きゅうてい》と同じく、形而上の洪範の事と釈くべきでありましょう。この十五がいかなる内容を有するか、数と言葉をもって考えましたら、もはや容易に明らかになし得るもののように思われます。

次に易経を調べましょう。

易に太極あり、是れ兩儀を生ず、兩儀四象を生ず、四象八卦を生じ、八卦吉凶を定め、吉凶大業を生ず（繫辭傳）

この記事を古事記冒頭の記述と照合致します。太極（天之御中主神）・両儀（高御産巣日神、神産巣日神）・四象（天之常立神、國之常立神、宇麻志阿斯訶《うましあしか》備比古遅《びひこぢ》神、豊雲野《とよくもぬの》神、八卦（宇比地邇《うひぢに》神、須比智邇《すひぢに》神、角杙《つのぐひ》神、生杙《いくぐひ》神、意《お》富斗能地《ほとのぢ》神、大斗乃辨《おほとのべ》神、淤母陀琉《おもだる》神、阿夜訶志古泥《あやかしこね》神）。

以上、計らずも両者がぴたりと一致するではありませんか。古事記の神名《かな》は仮名《かな》ですから、各人の思索によってその呪文を釈きますれば、仮名すなわち仮の名が指し示している所事、本当の名、すなわち真名《まな》が現われて参ります。

太極・両儀・四象・八卦と申したところで、言わば抽象的概念でありまして、仮の名の一種です。仮の名なら何と申したところで差支えありますまいが、こうした宇宙の根本的な重大な事柄を国語の原音として把握し表現するとしたら、それぞれ何《ど》んな音を当てたらよろしいでしょうか、支那の方々にも大いに研究をして頂きたいものであります。

太衍の數五十、其の用四十有九（易經）

太衍を日本訓《よ》みにいたしますれば、フトシクとなります。すなわち太敷《ふとし》くであります。五十の言霊を太敷いた国は五十城《しき》島の国であります。宇宙の事《こと》の全局の姿を五十の言として把握し、その言葉をもって国語を組立て、その国語によって万機を統べて参ります国が日本国家であります。この五十の言霊を用と体、すなわち言霊と文字に取ると百という数を得ます。この百数を太敷いたものが百数の大宮であります。言霊を盤境《いわさか》（言性《いわさか》）と言い、文字を神籬《ひもろぎ》（霊諸招《ひもろお》ぎ）と申します。易経の数は我が言霊に当たりましょう。その用は神籬に当たりましょう。

但し、この場合支那には数だけがあって言葉がありません。この数理から支那には象形文字が生まれましたが、独特の国語というものはないのです。言葉としての日本語と、象形としての漢字との間には、深い関係のあることの想像がつきましょう。

北方に鐘山といふ山があつて、山上に人首のやうな石があり、その左目は日となり、右目は月となる、故に左目を開けば晝となり、右目を開けば夜となる（郭子、玄中記）

これもまた面白い記録であります。鐘山を日本的にカネ（カナ）ヤマと読みますれば、カナとは前述しました金山毘古とか、あるいは思金命《おもいかね》とかいう場合のカネ（カナ）でありまして、神名文字の山という意味が現われて参ります。

古事記には更に次の記録があります。

ここに左の御目を洗ひたまふ時に成りませる神の名は、天照大御神（大《おほ》日靈女《ひるめ》、晝目《ひるめ》）。次に右の御目を洗ひたまふ時に成りませる神の名は月讀命（月夜見尊）

ここに、天照大御神と申しても、また月読命と申しても、宇宙の事すなわち言の基本音を禊祓いによって置足わして得たところの正しき事（言葉）の配列、すなわち事（言）の鏡となるものでありますから、換言いたしますと神名《かな》（金・鐘）の完成体であります。

なるほどそれは正《まさ》に鐘山の上にあるものと、私共には密かに肯《うな》づく事が出来るのであります。

以上は、ほんの数例に過ぎませんが、こうした例を探し出して調べますと、数限りなく出て参ります。たとえば山海経や楚辞にある太陽と扶桑木の話とか、兎が洪水を治めた話とか、義和と嫦娥の話とか、淮南子にある共工と顓頊の争いの話とか、その他色々途方もない神話的な伝説の断片が幾らでも有るのです。

これらの支那神話に関して、漢学者達の解釈はどんなものであるのか調べた事はありませんが、こうした話の一つ一つを、この宇宙に事があらわれ、それが言葉として生まれ出て、その言葉が纏って完全な思想になって行く筋道を説くところの、我が言の葉の誠の道のどこかに当て嵌《は》めて考えて見ますと、「ははあ、ここのところをそんな工合にいっているのだな」などと、浅学な私共にもよく肯づける事が多々あります。そこで太古の支那思想と我が日本の道とは、実は全くおなじものではなかつたろうか、という疑いを深くせざるを得なくなるのであります。

しかしそれにしても遺憾なことは、支那神話はいずれも断片的なことでありまして、宇宙のアルフアからオメガまでを一貫して説いているものがありません。それを哲学的に纏めたものに易経がありますが、「易は象なり、範は数なり」でありまして、易の内容は象と数であります。数の道は説いても言の葉の道は説いてありません。支那の太古の聖人や芸術家達は、象形文字や祭祀の方法や神話は説きましたが、言葉は教えなかったようです。

この事はエジプトやギリシアの場合と非常によく似ておりまして、象（文字）を用いたのでは、あらわれた所のもの（創られた所のもの）は表わせましょうが、あらわす所の気を直接にあらわす事は出来ないのです。文字というものは黄泉《よみ》（読み）の国のもので常にどこか、あらわし足らぬ所が有りまして、薄暗がりの月夜に物を見るような感じがするものです。

これは、私共が日常書物を読む場合に、絶えず感ずるところであります。気の直接の表現は、どうしても言葉によるほかありますまい。秦始皇帝が書物や伝説の上で道を求めた場合にも、こうした物足りなさを痛感した事であったろうと思われます。

始皇帝の意図

以上簡単ではありますが、太古のある頃、世界の各民族の間から言葉を隠された経過を一通り述べて参りました。殊に隣国支那においては、その跡が不明瞭になってしまった先王の道を、不老不死の仙丹という名前で秦始皇帝が探し求めて、それを得るために徐福を我国に遣わしたところまでのあらましのお話を致して参りました。

徐福の蓬莱渡航、すなわち日本渡来の背後には、実に深刻な思想的根拠があるのです。一般の歴史家や儒家の間では、始皇帝は経書を焚き、儒者を坑《あなうめ》にした惨虐無道な帝王のように伝えられておりますが、しかし、彼は果していわゆる道家者流の人々の非難に相当するような狭小な覇王に過ぎないものだったでしょうか。それとも彼は焚書坑儒、もって周の王室以来、漸次、繁文褥礼化した祭政の形式作法や、孔子没後いくばくもない間に既に溌剌とした生命を喪った道徳法の上に、断固たる強圧を加えて、しかも他方直截に生命の事（言）の原典ともいうべき彼の不老不死の仙丹を求めようとしたのではありますまいか。

由来、支那という国名は秦に語源を発すると言われております。当時世界に鳴り響いた世界最大の強国でありました。徐福はこの国力を背景にして我が国に仙丹を求めに来たのです。それは、求めると言っても決して生優しい求め方をもってしたのではなかったでしょう。

日本へ来た徐福は、地理的に申せば富士川（蓬莱）や高千穂峯（方壺）などに滞在しながら様々な文献を調査したことでありましたろう。あるいはまた秦の宮廷でやっていたようにその辺りの草根木皮を味わったり、金石土塊を弄んだりして、現実の起死回生の薬を探し求めることもしたかも知れません。

しかし、もしそうしたとしても現実の薬品としての仙丹は、結局彼の目的の第二義的のものに過ぎなかった事です。徐福はただ漫然と日本各地の名山を捜索したわけではありますまい。また無方針に文献を調べたわけではありますまい。

お前の国に果たして真の不老不死の薬が有るか無いか、支那の文献を調べて来た結果では必ずそれが無ければならないはずだが、有るならばそれを秦の始皇帝の前に提供したらどうだ。それを持っていながら提供を肯んじない時は、秦は世界第一の強国である、その時はその時の覚悟が皇帝にはあるはずである、有るならば出すか出さぬか。

あるいは徐福は、こうした態度をもって求めたものと、考え得られるではありませんか。これを強請と申します。しからばこの強請を蓬莱という日本国土の中のどこの何人《なんぴと》に向ってなしたことでしょうか。秦の始皇帝の意図がいかに戦慄すべきものであったかは、我が日本の言の葉の誠の道を解さぬ者達に取っては想像もつかない話であります。

お話は少しもとへ還りまして、龍宮の乙姫は音秘めの義で、それは言葉（道《ことば》）を秘め隠すことの呪文的表現である事は前述しました如くであります。しかしこの音姫という言葉はこの浦島説話にだけ突然現われて来る言葉ではありません。それはどういうことかと申しますと、我が国の事を支那人は昔から「東海の姫氏国」と呼んでおります。そう呼ばれる日本人も、そういわれる事に別に異議を申し立てるようなことをしませんでした。日本人は自分の国が姫の国であることを承知しているからでありましょう。姫氏国の姫はやはり乙姫のヒメ、すなわち秘《ひめ》とおなじものでなければありますまい。

秘め国とは神秘国であります。日本が神秘国であることは現在の日本よりは支那人、殊に秦の始皇帝の方が遥かによく知っていたことのようです。この神秘国が神秘国であるためには、その中に何事か何物かが秘め隠されていなければなりますまい。

その隠されてあるであろう何事かを、ギリシアや猶太や印度やそして支那などという遠い遥かな国々の文献によって暗中模索しようという手緩《ぬる》いことは以上の事くらいにして、今度は直接日本歴史の中に、すなわち日本自体の中に探そうではありませんか。

この秘め国を精神的鎖国という言葉であらわしますれば、この日本の中に何物が、あるいは何事が、いつの頃鎖国されたものでありますか。この真相をはっきりと日本歴史の上に突きとめる事が、緊要のことのように思われます。

日本神代略史

申すまでもなく、我が皇典古事記の内容はその序文に明示されてあります如く、「帝皇の日継及び先代の旧辞」であります。これを簡略して帝紀および本辞（旧辞）とも申します。帝皇の日継という日継ぎは、霊継《ひ》ぎでありまして、それは、我が皇祖皇宗が言（霊・言霊《ことだま》）すなわち道《ことば》を継承して発展させて行かれた経過を述べました現実の歴史のことであります。本辞（旧辞）とは、もとの言葉、または言葉のもとのこと、すなわちその原理原則のこと、そこからすべての日本文明が発祥しましたところの根本的な道（言葉）のことであります。

このように日本の本辞と帝紀とは、国体原理の言わば哲学的内容とその実現過程とでももうすべきものでありまして、両者を分離して考えることの出来ないものであります。

そしてこの両者が不可分に、しかも少しの矛盾もなく発展し運行して行きますところに、我が皇運が世界無比なる所以が存しますもので、この間の消息をはっきりと認識した上でない限り他のいかなる外的な学問の力を籍りても、絶対に我が日本の歴史が釈けるものではありません。

さて、こうした本来の皇運発展の立場に立って日本の古代史を調べて参りますと、それはおおよそ次のような段階に分けて考える事が出来ます。

まず、古事記冒頭に記してあります太初の「天之御中主神《あめのみなかぬし》」が生《な》りませる事は、人類が仏教のいわゆる梵《ぼん》（梵天王）を自覚した時期を示してあるものと考えられます。この生《な》りませるというナリに他の文字を当てますと、鳴《なり》・化《なり》・成《なり》・熟《なり》という色々な意義が出て参りますが、殊にその中の鳴の字を取って考えますと、宇宙に音が鳴り初めたことで、これを人類の自覚の内容として考えますと、宇宙太初の消息を音として、言《こと》として、自覚し発声した事を示したものと考えられます。

こうして天之御中主神以下、次々に鳴りませる神の数は合計十七神ありまして、この神々を音（言・事）としてあらわすと、いかなる言葉になりますか。

神名《かな》（仮名）であるところの神の名前をその意義と字義とから釈いて参りますと、本当の名すなわち真名《まな》があらわれて参ります。

この十七の真名はいわゆる父韻と母音とでありまして、これを仏教的に宇宙の事の因と縁とに考えられます。因縁が結ばれますと果が生じます。この果を生むところを、古事記には次のように記してあります。

ここに天ツ神諸の命を以て、伊邪那岐命伊邪那美命二柱の神に、この漂へる國を修理《つくり》固成《かためな》せとことよさしたまひき。

この「天ツ神諸の命」と申す命とは御言《みこと》のことでありまして、十七の因縁、すなわち父母音を結び合わせますと、子音が生まれます。この子音が前述しました「大事忍男神」より「火之迦具土神」までの三十二神でありまして、天之御中主神より通算致しますと合計五十音を得るのであります。

この五十音は、あらゆる宇宙の事を言として自覚いたします種子なりますものでありまして、このように考えて参りますと、この岐美二神の創造開始の時を、歴史的に見ますれば日本肇国の時と申すことが出来ます。

ついで伊邪那岐大神は、宇宙の海という創造世界の真中においての禊祓という方法によって、右の五十の言の一つ一つにその位置と時置と処置とを決定致しました。これは宇宙の事の時処位について、どの音を当てて使うかということの決定でありまして、言（事）の位取りを自覚するその自覚体、すなわち理性を天照大御神と申し上げ、その自覚体の姿を文字によって写し出しましたところの言葉の鏡を月読尊と申し上げ、更に流動する時間の変化に応じて言葉をいかに使うか、その使い方を須佐之男尊と申し上げます。

これを「三貴子《みはしらのうずみこ》の出生」と言いますが、この二貴子の出生ということによって、宇宙の事の内容のすべてが、初めて人間の自覚内容すなわち言葉として確実に把握されたのでありました。

この時のことを歴史的に見ますれば、日本立国の時と申すことが出来ましょう。立とは立論、立憲の立であります。日本訓《よ》みにしますと断《タツ》・横刀《タチ》となります。タツとは龍宮の説明でお話いたしました如く、事の性《タチ》をはっきり裁断し、それを連《つら》ねて新しい物を創造する方針を決定することであります。科学者がしきりに暗中模索しているような、何か知らぬ大自然界の創造の原理という意味での龍宮城ならばいざ知らず、人類が宇宙の事《こと》を言《こと》として自覚する自覚内容という意味における言葉の全き組織体が浦島説話の龍宮城でありますならば、この龍宮城は、まさに歴史上この三貴子の出生の刹那にその建築が完成されたものと言わねばなりません。

ここまで申し上げますと、龍宮城とは日本の国体そのものをいうのだ、ということが、皆様に充分お判りになった事と存じます。国体とは日本の個性が存する所以であります。この国体の個性がどれほど光輝のあるものかは、それをその通りに実際の政治経済の上実施してみれば判ることです。

天孫仁仁杵尊の御降臨は、これを日本開国の時と申す事が出来ます。この時までの日本国家は三貴子の出生によって、完成はされていたのでありましたが、まだしかし、それは高天原《たかあまはら》すなわちいわゆる理念《イデア》としての国家、換言すれば精神皇国としての日本でした。

天孫降臨とは、この理念国家をやがて地上の現実国家たらしむべく、その事前の準備として人類、殊に将来日本の人民となるべき人間達に開示せられた事をいうものと解してよろしいと存じます。

高天原の理念国家とは、学問的に申せば日本の国体憲法そのものでありまして、その内容は繰返して申しますが宇宙の事（言）の全き組織であります。この国体憲法の開示という事を砕いた言い方で申しますれば、やがて将来現実の理想国家を実現するための根本の指導原理となるところの全き言葉、すなわち日本語を人間達に教えることを開始したという意味になるのです。しかもこの憲法の開示は、天孫が高千穂の宮において行わせられたものでありました。

高千穂の宮という言葉を釈きますと、高き千《ち》（道《ち》）の穂《ほ》（霊・言霊・言葉）の宮（霊屋《みや》・洪範・名疇）ということになります。

そこでこの開国時代における日本国家の存在は、その名が示す如く、一般の人民にとって、その昔の高天原という理念の世界よりは遥かに近いものとはなりましたが、まだまだ超越的な存在であることを脱してはおりませんでした。当時の民衆は、恰もギリシアにおけるデルフィの神託のように、この九州の高千穂宮より高嶺《ね》（音《ね》）おろしに下される言葉を、神の言葉として恐れ謹み、且つひたすらに学んだことでありましたろう。

次に神武天皇の御即位は、これを日本建国の時と申すべきでありましょう。それは当時まで民族の上に超越的存在でありました高千穂の国体憲法が、いよいよこの土地と人民の上に初めて自らの実現を開始しました時期でありまして、当時の人民といたしましては、その時まではただ神の理念としてのみ教えられておりました言葉が、いよいよ実際の政治経済の上に実施される事になった事態を、無限の希望と歓喜とをもって迎えたことでありましたろう。現実の地上国家としての日本は、この時産声《うぶごえ》を挙げたものであります。

以上ほんの荒筋だけに過ぎませんが、日本の神代史の真相を申し上げました心算であります。

日本歴史とはすなわち言葉の歴史でありまして、我が皇室の御先祖であられる神人《かみ》達が言の葉の誠の道を編み出され、それを人民に教え、その間、道の原理に合わぬ言葉（哲学）を持っております種族を色々と言向《ことむ》け和《や》わせ、そうして最後にすべてが一つの言葉にまとまった時、ここに初めて、その道が遠き将来の後に精神物質両方面に亘って、地上文化の華と咲き、豊穣な稔りを収めようために、確実なる御計画と絶大なる抱負とをもって国をお建てになり、地上現実界の日本国家の修理固成に着手されたものであります。これで神武天皇御即位以前を神代と申す意義も、皆様にお判りになった事と存じます。

神代のカミは、隠身《かみ》または火水《かみ》、あるいは頭《かみ》・上《がみ》でありまして、隠身《かくりみ》と申せば言葉がいまだ具体的なものに現われぬ状態、もっと深いところを言いますれば、事《こと》がまだ言《こと》にさえ顕われぬ時代を申します。火水と申せば陰陽でありまして「一陰一陽之謂レ道」とある如く、道それ自体言葉だけの時代であります。

そうしてまた頭・上と申せば、上《うえ》にある高天原ないし高千穂において、頭《あたま》という理念の世界において、我が御皇室だけが道を把持されておった時代、こうした時代がすなわち神代であるのであります。故に神代とは古事記の言葉を使って申せば、主として本辞（旧辞）だけの時代でありました。この本辞が神武建国を契機として、爾来《じらい》着々と自らを地上文化という芸術の世界に具体化することになったのであります。

歴史とは何ぞやという事が、いま西洋流の学者の間には大きな謎になって、なかなか釈けない問題になっておりますが、日本語を使っている日本の学者達が、この問題の答えが出来ぬということは、私共にはむしろ不可解なことのように思われてなりません。歴史とは道《ことば》の発展とその具体化の経過なりと言えばよろしいではありませんか。

本辞（道）と帝紀（歴史）がぴったり一つになっている我が日本に生まれた事を、私共はこの上なく幸福な事と思わずにはいられません。

風俗習慣の醸成

神武建国以来約五百年に亘って日本に平和な時代が続きました。それは、数百年後における言葉の道の行末までも見透し給うた上での、御経綸であるところの神武維新の第一期計画の実施時代とでも申すべき時代でありました。

建国当時の日本民衆の生活は日本書紀の建国の御詔勅《しょうちょく》にも記されてありますように

今運《とき》、屯蒙に屬《あ》ひ、民心朴素なり、巣に住み穴に住む習俗常となり。

という如き、極めて原始的な自然のままの状態でありました。こういう無知蒙昧な民衆の上に大御心を垂れさせられた歴代天皇は、まず彼等の生活のうえに言葉の道に則ったよき風俗習慣を醸成することに、御苦心遊されたことを推測することが叶うのであります。
元来宗教というものは、その上に漂うあらゆる神秘感を排除して考えますと、言葉《ロゴス》を祭祀の方法という行事の中に芸術化してあらわしたものであります。

こう申し上げると少し憤慨する人もありましょうが、我等日本人の遠い祖達であるところの建国当時の民衆を教化することは、野生の馬や犬を慣らす仕事に似ております。彼等に深遠な言葉の道を初めから説いたとて、到底判ろうはずはありません。

そこでどうしたかと申しますと、我が御皇室はその言葉の道を簡単な動作とか、器物とか、更には年や月や日における、いわゆる月並の行事ともいうものの中に芸術化して、それを民衆に教えたのであります。理性はもとより、悟性さえもまだ充分には開けておらぬ野蛮人に道を教えるには、まずかくするより他にはないものと思われます。

このような教え方を、呪文ということと同じ意義で呪事と申します。そしてこの呪事の典型的なものが、すなわちあらゆる宗教における祭祀の方式であるのであります。

我が御皇室は、このような方式を次々に御制定になって発布され、その当時の学校ともいうべき神社のような場所において、練習させたものと推測することもできるのであります。

それはこの祭の式を手本にして、自然のままの粗野な民衆の間によき風俗習慣を養成するためのものでありました。このような言葉の道を呪事化した風俗習慣は、御皇室を中心として、都に鄙《ひな》に、急速な勢いをもって、日本の隅々にまで広まって行った事と思われるのであります。

この風俗習慣の基本である呪事は、決して上古の時代にだけ行われていたものではありません。今日私共はまことに賢《さか》しらに知識を誇り、文明を我物顔に謳歌している者でありますが、こうした文化人と言われる私共の日常生活のなかに、太古の風俗習慣が、少しも壊されずに元の姿のままで承け継がれ、伝えられているのです。

風俗習慣とは、日常の作法とか、社交上の礼儀とか、年中行事とかいうもののすべてを指して申すことでありまして、これらのことは、殆んど遺伝性に近きまで、あまりに人口に膾炙《かいしゃ》され習慣化されておりますために、誰一人として淵源について、あえて突詰めた疑問を抱こうと致しませんが、実にこの第二の天性ともいうべき風俗習慣のなかに、遠い太古よりの祖先の遺風が連綿として伝えられているのであります。

しからば私共日本人の風俗習慣とは一体どんなものであるか、自分で自分の癖を指摘するというのは妙な話ではありますが、その二、三を挙げて、それが祖先の遺風であることの証明のために、言葉の道の上から解釈を加えてみましょう。

たとえば私共は神前に参りますと、必ず二拍手いたすことになっております。拍手ということは、考えて見ますと妙な仕草ではありますまいか。自分の仕草を顧みて妙だなと思えるところに、呪文や呪事を釈く最初の関門があるのです。

言の葉の道の奥義を布斗麻邇《ふとまに》と申します。

フトマニのフトは二十《フト》でありまして、それは二十という言葉の基本的な数理をあらわし、マニは仏教でいう摩尼《まに》に当たり、また真名すなわち言霊のことでありまず。数はカズでありまして父《かぞ》のこと、言霊（言葉）は色（識）でありまして母《いろ》（イロハ）のこと、文化という子は、この父母であるところの数と言葉から生まれます。

両手の指、合計十本をもって二拍手いたしますと、これで二十という数を数えたことになりましょう。この二十すなわち布斗《ふと》（太）の数理であるのでありまず。呪事とはこのようにして行われるものでありまして、神前の二拍手は「神は布斗《ふと》なり」ということを動作をもってあらわすことであります。

また、たとえば私共は物品の贈与に際して、必ず熨斗《のし》を添える習慣を持っております。この熨斗の形は神社のお剣先《けんさき》のお札と同じでありまして、それは剣《つるぎ》すなわち横刀《たち》をあらわし、この形の中に日本国民性の意義が呪事化されているのであります。

これは呪事というよりむしろ呪物といった方が適当でありましょうが、品物を贈られると同時に、贈り主から性《たち》の自覚を慫慂《しょうよう》されると日本人は、物を貰うにも迂闊には頂くわけには参らぬわけであります。「天の命これを性と謂ふ」

と支那の聖人は厳めく教えますが、日本人は、この事を日常の社交の間に教えたり教えられたりしつつあるのであります。

その他の例を挙げますと、殊にお正月の年中行事の中で、松飾を立てたり、紅白の鏡餅をお供えしたり、裏白の葉を飾ったり、あるいは七種《ななくさ》の菜粥を頂いたりすることなど、みな呪事ないし呪物でありまして、その一つ一つに日本国体の根本義から編み出されてあるところの深い深い意義があるのであります。

さて、以上のような風俗習慣の淵源でありますところの国体原則、すなわち日本道徳ないし哲学の根本をなすところの言の葉の誠の道の呪事化されました最も代表的な典型的な行事は、畏多い事でありますが、御即位式の大嘗祭における数々の御儀であると拝承いたします。

御一代の間に必ず一度は行わせられるしきたりになっております典型をもって、二千余歳の長年月の道の継承を遊ばされた大御心の真義を、私共は早くお汲み申し上げねばならぬことと存じます。

このほか宮中行事として、様々な儀式の型が昔ながらに伝えられていることを承っております。儀式の型はすべて決して略したり崩したりしてはならぬものでありまして、人々が大御心の内容であるその呪事の真義を悟り切らない間に、もしその型が少しでも壊れますれば、それによって元の道を明らめることがそれだけ困難になって参るものであります。

これら朝廷の内外を問わず、色々の儀式や風俗習慣の意義と淵源を索めまして、私共が平安朝や奈良朝を調べましても、表面からでは釈く事が出来ないものでありますし、また印度や支那を調べましても、事実としては似通った型があるいは発見されましょうが、その意義はやはり釈くわけにいかぬようです。

こういうところから考えて参りますと、日本の儀式と風習の淵源はよほど古いものであり、かつこれこそ少しも外来思想に触れないところの日本本来のものでなければならぬ、という結論に達せざるを得なくなるのでありまして、それは遠くは早くも高千穂朝廷の時代より、近くは神武建国後数百年の間に、漸次御制定になられたものであろうという推論に到達するものであります。

こうした間の消息は、文化の被指導者側、すなわち創造の所産の側からのみ勝手な憶測を逞しくしようとする西洋流の歴史研究の態度からしては、到底伺い知ることの出来ないものでありまして、日本歴史は皇運の歴史を観ることによって初めて明にされます。

皇運の歴史とは主体者の歴史であります。客体の歴史ではありません。

儒仏二教の渡来

しかし、この皇運の歴史の上に重大な時代を描いたでありましょうところの、日本的な風俗習慣の醸成時代とも考えられる期間は、おおよそ五百年より以上は続きませんでした。何故それがそのままに続けなかったと申しますと、その頃我が日本が急激な思想的潮流に襲われたからであります。

当時の世界に情勢を見ますに、隣邦支那に老子、孔子が出現して先王の道を復興し、彼等の時代と、そして支那民族とに適合するように学問的あるいは道徳的に説き初めましたのは、既に我が神武朝の頃ほいでありました。

また印度の皇子悉達多《しったるた》が文字の道を説きましたのも、略《ほぼ》同じ頃であります。それ以来彼《か》の土において、精密な理論的発展を重ねました儒仏二教は、朝鮮を経て、逐次我が国に渡来し、次第に我が朝野の思想界に浸潤して参りまして、神武建国後五百年、人皇十代崇神天皇の御宇前後に至って、彼我《ひが》の精神的交通は最高潮に達したものではなかろうかと考えられます。

元来朝廷に仕へ奉る日本の文武百官はこれを神田《みとしろ》（御手代）と申しまして

思金ノ神は、前事《みまえのこと》を取り持ちて、まをしたまへ（古事記）

とあります如くすべて、天皇と人民との間の仲取持（中臣）の役目でありまして、天皇の大御心すなわち御稜威の原理内容を、あるいは風俗習慣に、あるいは道徳法律に、あるいは政治経済に実現し応用して、もって皇運の発展を扶翼し奉るべきものであります。

しかるに、当時印度や支那から渡来しました新奇にして精密な学問思想を真っ先に取り入れて、それに心酔しました者は、この朝廷内部の百官達、今の言葉で申しますれば指導階級の人達であったのであります。それは、我が国本来の道であるところの言の葉の誠の道は、非常に深奥な鋭敏な理性直観を必要といたしまして、下根の者にとっては極めて難解なものであるのに反して、これら印度や支那の思想は、悟性にまず訴えて学べるように、よく理論化されたものであったからでありましょう。

このようにして指導者階級が儒仏二教に凝《こ》り初めますと、上の好む所、下これより甚だしでありまして、庶民階級もまた儒仏二教でなければ夜が明けない有様となりました。このようにして二教は遂に澎湃《ほうはい》として、やがて我が朝野を風靡し席巻するようになったのであります。

神武維新の後、数百年間のこの日本を理解するためには、近く明治維新以後において起こりました事態がその好個の例を示してくれます。幕末に興りました国学に連れて、勤皇思想による維新の大業は完成されたのでありましたが、この明治の復古思想に対立するものとして、既に維新前後より陸続として輸入されましたのは、欧米のキリスト教思想と自然科学的唯物論思想であります。

民衆は事の当否を問わず常に新奇を好むものでありまして、この民衆の好奇心あるいは好学心のために、維新の大業は、その初め西郷・玉松・大国・副島などの先学者達が意図し計画しました日本的な道義国家建設の方針は、漸次に歪曲を受けまして、あるいは神祇官と太政官の地位の転倒をみましたり、やがては議会が開催されて民意が尊重されるようになって、今日みるところの民主主義・自由主義国家としての日本の姿となったのであります。

この明治維新の経過を理解する仕方をもって、そのまま神武天皇より崇神天皇に至るまでの日本の歴史の筋道が了解出来るように思われます。明治維新の場合は、キリスト教の汎愛思想と科学的な唯物論の風靡でありますが、崇神期の場合は、儒仏二教の席巻でありました。明治維新当時、外国の議会政治に我が朝野の人々が抱いたと同じ憧憬を、彼《か》の時の人々は、周の井田の法に感じたことでありましたろう。自然科学の整然たる体系に対して感じたと同じ魅力を、仏教の法理に感じたことでありましたろう。

この両時代とも同じく国内の思想に大混乱を来したところの、歴史的な重大危機ないし転換期であったのであります。

崇神朝における精神的鎖国

このような重大危機が、神武紀元を降るに連れて次第に切迫して参りました国情に対して、御歴代の天皇はいかなる処置を採られたことでありましたろう。殊に神武以後の日本の維新と言われる大化改新や建武中興と同意義の、いやそれよりも遥かに重大な皇運の歴史上の重大転換期に遭遇されました崇神天皇は、その時いかなる法策をお用《もち》になられたことでありましたろう。

それを日本書紀は左の如く伝えております。

五年、國の内に疾疫《えやみ》多く、民死亡者有り、且つ大半にすぎなむとす。

六年、百姓流離《さすら》へぬ。或は背叛《そむ》くもの有り。其の勢徳《うつくしび》を以て治め難し。是を以て晨に興き、夕に惕《おそ》りて、神祇を請罪《のみまう》す、是より先き、天照大神、倭大國魂二神を並に天皇の大殿《みあらか》の内に祭《いは》ひまつる。然れども其の神の勢を畏れて、共に住みたまふに安からず。故れ天照大神を以ては、豊鍬入姫命を託けまつりて、倭笠縫邑に祭りたまふ。仍りて磯城神籬《しきひもろぎ》を立つ。

思想的混乱は、同時に不可分の身心両方に作用して、あるいは流行病なども起った事でありましたろう。百姓流離背叛の原因、またもとより同じ理由にあったわけです。事態はもはや、そのかみの神武建国の御詔勅に示さるが如き「上は則ち乾靈《あまつかみ》の國を授けたまふ徳《うつくしび》」をもってしては、治め難き状態に陥ったのであります。

しかしもとより神武建国の第一目的は、民心の啓発にありましたので、爾来、数百年、まだまだ引き続き国民の精神的訓練を重ねなければならぬ時代でありました。この民心啓発は昭和の今日に至ってもなお完成されておらぬ事でありまして、神武建国の聖旨通りの日本精神を日本人のことごとくが服膺《ふくよう》していると申せません。そのためにはまだまだ徹底した国難に際会《さいかい》することが、可愛い子に旅をさせる意味において必要な事かも知れませんが、これはこれとしまして、崇神朝においては過去数百年に亘っての、御歴代天皇の御経綸にも不拘《かかわらず》、かえって民心が混乱の頂点に達するという事態に立ち至りました。その原因は記紀には省略されてありますが、前述しました儒仏二教の渡来にあるものでなければなりません。

この二教は当時日本国民が朝野を挙げて心酔しつつあるところでありましたが、この事実をよくよく考えてみますと、しかしそれが、あながち悪い事であるとは言えないのであります。

それと申しますのは、神武以来御歴代天皇がお教えになられましたところの風俗習慣も崇神朝の頃には国民がもうすっかり覚え込んで、内容である精神はともかくとして、日常生活の形式だけは穴に住む野蛮時代を完全に脱却していたはずであろうかと思われます。

そこで形式が整った後に学ぶべき事は、いよいよ日本精神の奥義そのものでなければならないわけでありますが、しかしながら、この日本国体の根本義である言の葉の誠の道は難解難入のものでありまして、当時の下根の民衆にはまだまだ容易には理解し得ようはずはありません。

ところが恰《あたか》も、この時都合よく渡来いたしましたのが儒仏二教でありまして、それは、人間の理性に訴える以前に悟性をもって充分に釈きほぐしてある学問でありますから、それは一面から考えますと、真箇の日本精神への入門の学問としてはまことに好箇の材料でなければならないのであります。

すなわち二教は、本来の日本国体から観ればまだ至らぬものでありましょうが、決して悪いものではありませず、むしろ当時の民衆の精神的力量には相応《ふさ》わしいものであり、しかも民衆がそれを甚だしく渇仰《かつごう》していたものでありましたから、翻《ひるがえ》って考えますれば神武建国の主旨たる人心の啓発のためにも、同時にまた当時の民心を収攬《しゅうらん》する上にも、方便としてこの二教を積極的に採り入れる事がかえって好都合である、という結論に到達するわけであります。

英邁《えいまい》なる崇神天皇は、この時代の動きと世の風潮とを明瞭に観取《かんしゅ》遊ばされました。そうして大英断をもって神武以来の国是を廃されて、新時代の民意をお迎え遊ばされることとなりました。

すなわち歴史の上から申しますと、地上の現実国家建設の第一歩として、人心の啓発を開始せられた神武維新より五百年、その事の完成を数百千年後に洞察し給う崇神天皇の聖意によって、更に一歩深く民意が尊重されることとなったのでありまして、このことの具体的あらわれが、いわゆる神鏡の同床共殿の廃止と、およびその裏面においては和光同塵政策の御実施であるのであります。

和光同塵政策とは、儒仏二教の積極的輸入摂取を意味することであるのは一般に熟知されております事ですが、一方の同床共殿廃止に関しては、いまだ世の歴史家もまた神道家達さえも、明確な説明をなし得ていないように思われます。

それは前掲の書紀の一節にも記されてあります通り、「天照大神倭大國魂神」と申される二柱の神を宮中より取り出されて、倭笠縫邑《わかさぬいむら》に、そして次代垂仁天皇の御宇《ぎょう》にまた改めて現在の伊勢度会《わたらい》に、遷座し給うたことを申します。

そもそも天照大神とは、前述しました如く人類の理性であるところの事（言・言葉）の自覚体そのものであります。この自覚内容を文字にあらわして、有形の洪範《こうはん》といたしましたものを月読命と申し上げます。この両者は換言いたしますれば、言葉そのものとおよび言葉の鏡であり、象徴的に申しますれば、日《ひ》（霊《ひ》・言霊）と月《つき》（附《つき》・附属）とであります。

次に倭大国魂神と申します倭《やまと》とは、神武天皇の御即位をもってその建国の緒につきましたところの言葉の道を実現すべき理想国家、大いなる和の国たるべき大和国の名であります。

魂《たま》と申しますのは霊《たま》と同じくまた言葉の意味でありますが、この魂をムスビと訓《よ》みますと結び（産霊）でありまして、それはあらゆる文化の要素と結び合わせてもって大和国を実現すべき結び方、換言すればその国家の指導統一原理という意義が出て参ります。すなわち倭大国魂神とは、理想的日本国家の設計図というほどの意味のものでなければなりません。

このような重大な意義を有するところの二柱の神を、宮中より他に遷し奉ったということは、これを皇運の歴史より観奉る時、実に大変な事件と申さねばならぬことでありまして、これによって神武以来の、もっと遠く遡れば高千穂朝廷以来の日本の祭政の上に、根本的ともいうべき変換が行われたと考えなければならぬものであるのであります。

しからばこの事をまた別の言葉で言いますと、いかなる事に当たるかと申しますと、丁度これと同じ事態が、皇運史上の神代の時代にも起こったことを記紀の記録が伝えております。それは言うまでもありませんが、天照大御神の岩屋隠れの神事でありまして、天孫降臨の砌《みぎ》り、天皇の御魂として宮中に斎《いつ》き祀《まつ》り給うべき事を神勅あらせられた理性の鏡であります神鏡を、そこより他に遷し給うたという事は、正しく神代の天之岩戸閉めと同じ事態でなければならぬと考えられます。

しかもこの第二回目の天之岩戸閉めとも申すべき崇神朝の場合においては、天照大神一柱のみではなくして、倭大国魂神も共に遷し奉ったものでありますから、二重の意義がある岩戸閉めと申さねばなりません。

この二柱の神を現代語をもって申し上ぐれば、すなわち本来の日本の国体と国是とでありまして、正に崇神天皇の御宇、この二つのものが倭笠縫の宮の神秘の扉の奥深く、その神代ながらの光を隠してしまわれたものであります。

国体と国是が隠されたということは、日本が精神的に鎖国されたということであります。これを神秘国と申します、また秘め国（姫国）とも言います。

支那人が日本を呼んで東海の姫《ひめ》氏国と言ったのは、そこに秘められた何事かが有ることを充分承知していたからこそ、このような名を用いた事であろうとも考えられるのです。

それ以前は開津《あきつ》島と言われた神明国家が、神秘国家になった時期は、歴史上ではまさにこの崇神天皇の御宇のことであります。今日の日本歴史家達の通説では、崇神朝以前の事は、いわゆる歴史としては取り扱うことが出来ないものであるということになっておりますが、それはこの精神的鎖国という事に気づかぬ人々、殊に西洋流の学問で物から歴史を観ようとする人々の考えとしては、あながち無理もない話でありましょう。

しかし無理なしとは言え、いつまでもその人々に任せて置いて、崇神朝以前の歴史を学問や教育の世界から今までのように抹殺してしまっておったのでは、太古人類文化の創始からただ一筋、万世一系に貫いて流れて来まして、また未来永劫一筋に流れて行くところの我が皇運の歴史はいつまで経っても釈く事は出来ません。これが釈けなければ日本はいつまで経っても神秘国でいなければなりません。

神秘国とは天之岩《いわ》（言《いわ》）戸が閉まっている状態でありまして、それは古事記に

「すなはち高天原皆暗く、葦原中國悉に闇し、これに因りて常夜往く。ここに萬の神の聲《おとなひ》は、狭蠅なす皆涌き、萬の妖《わざわい》悉に發りき」

と記された有様で、理性の鏡が隠れたことをよき幸にして、様々の奇怪な思想が横行している国を申します。

しかし昭和の今日では、いつまでも日本が神秘国家でいることが許されない世界の状勢になって参りました。日本の国体と国是と歴史とを秘めていたのでは、世界の指導者たる道義国家としての、本来の意味を発揮することは出来ないのです。これが叶わなければ、天孫降臨も神武建国も崇神維新も、全く無意

義なことに終わってしまうのです。崇神天皇が千数百年前に将来を嘱望されて国を閉じられた、その将来とは、まさに昭和の今日の事でなければなりますまい。

以上をもって、極めて簡単ではありますが、日本の神代史及び上古史の真相を略述いたしました心算です。これで浦島伝説の龍宮の乙姫が、歴史上いつ頃本当の乙姫（音秘め）になられたものか充分にご諒解の事と存じます。

さて、崇神朝においてこのようにして秘められました国体と国是に代わって、我が朝野の思想界を、そしてひいては祭政の機構を風靡しましたものは、儒仏二教の教義でありました。

崇神聖帝が民心啓発の方便として輸入をお許しになられましたこの二教の内容については、その後撓《う》まざる朝野の努力研鑽が続けられ、やがて奈良朝、平安朝においては、絢爛たる文化の華が咲きました。そうして仏教は鎌倉時代において、儒教は徳川時代において、最後の完全なる日本化という実を結んだ思想史上の経過は、今更《あらた》めて説くまでもないことであります。

同床共殿廃止の国際的意義

このようにして崇神天皇の同床共殿廃止は、二教を方便としての人心啓発の目的のためになされたものでありまして、対国内的の問題として考えられますが、その裏面には対国外的な重大な関係が潜在しております。この事は、しかし必要あって、その後編纂されましたすべての国史の中に、ことごとく抹殺してありますので、史実としては少しも伝えられておらぬようであります。ですから典籍《てんせき》や他の科学からの推論によって国史を釈こうとすると、従来の学者は誰一人として気が付かぬ事でありました。

態態《わざわざ》誰にも気が付かぬようにして置かれたところに、我が御歴代天皇の国体擁護に関する並々ならぬ御苦心が存し、また各時代を通じての史料編纂者の意図が存しているのです。

そうしてこのような史実を秘して洩らさぬことが、秘め国が秘め国たる所以の一つであり、また秘め国を秘め国として置くためには、このようにせねばならなかったのでありました。

対外的関係と申しますと、もはや皆様には精しく説明するまでもなくお判りの事と存じますが、それは直接的には隣邦支那に対する関係であります。方士徐福が、蓬莱の島に不老の仙丹を獲るべく、秦朝の強大な国力を背景として来朝しましたのは、孝霊天皇の二十二年（紀元四四二年）のことと伝えられております。

この年は崇神朝における同床共殿廃止の時を遡ること百二十二年、それは、日本国内において、儒教仏教ないし道家などの思想が漸《ようや》く盛んになろうとした時代でありまして、国内の民心が漸く帰趨を失い、やがてまさに神鏡が朝廷の実際の祭政機械から秘められようとする間際のことであったのであります。

徐福はこの時不老不死の薬として、まさに秘められんとしつつある国の秘宝を要求に来た事と考えられるのであります。しかもその背後には、秦の国力が控えております事を考え合わせますと、崇神朝における同床共殿の廃止が、この事と無関係なものであるとは考える事が出来なくなります。

当時の支那人は、日本の国体に関しては、今日の日本人など比較にならぬほど深き理解を有していたはずでありましょう。それは支那にあって、先王の道を求めてその淵源を索《たず》ねますと、支那に既に絶えて無くなったその道の根源がどこに存するか、おのずから判って参るものであるのです。

ですから始皇帝も、ひとかたならぬ渇仰と焦燥をもって、それを獲ようと苦《く》心惨憺《しんさんたん》したのでしょう。崇神朝に近き数世紀の間は、このような意味において東洋の国際関係に非常な微妙な、しかも外的には顕われずとも、内的には非常に深刻な隠れた事情が伏在していた時代であった事が推測出来るのでありま す。

あるいはこのような目的をもって外国より日本へ渡来した者は、徐福ただ一人のみであると言えぬかも知れません。ですから同床共殿廃止の原因には、対東洋諸国との国際的関係が必ず潜在していたものとも言うことが出来るのであります。

しかしこうした史実は、前述のように、ことごとく秘め隠して伝えなくしてしまったものですから、他のどこからも探し出しようはありません。しかしそれが今日全く伝わっていないわけではないのです。偽のような、本当のような、謎のような伝説としてだけ伝わっております。

それを伝えなければ後世国体の所在が不明になる恐れがある。しかしあらわに伝えれば国を秘した意図が挫折する。当時の秦や漢や唐や宋は、建国後日浅き我国にとって、日露戦争以前の露西亜《ロシア》、日清戦争以前の清国とは比較にならぬほど大きな恐るべき存在であったでありましょう。我が日本国民に対してなら、国体を秘めようと秘めまいと、実は単なる政治上・教育上の問題でありまして、何事も恐れる必要は毛頭無いのでありますが、これらの国々に対しては、いかようしても絶対に秘めねばならぬ事情にあるのです。

そこで、秘めてはならず秘めなければならず、その結果日本人にだけしか釈く事が出来ない謎のような呪文体の伝説が、恐らくはいつの頃かの史料編纂官の手によって、創作されるに至ったものであろうと思われるのです。日本人だけにしか解けぬ呪文とは日本語をもってしなければ判らぬ謎の事であります。

徐福のような来朝者が一人のみではなかったろう、という消息を推測する資料ともなる面白い文献が残っております。その名を申し上げる事は控えますが、それによりますと偽か本当か、判断の限りではありませんが、釈迦も日本へ来た、モーゼも来た、キリストも来た。そうして彼等は日本の天皇より法の一部宛《ずつ》を教えられて、彼地に帰って説法をしたのだ、などという事が記されてあります。それからキリストが日本に定住した遺跡があると言って、活動写真にまでして公開した事もありました。

今世界で考えているような釈迦やモーゼやキリストその人が来朝したというのは、あるいは偽りかもしれませんが、釈迦のような男、モーゼやキリストのような人間は、あるいは幾回も何人も来朝したかも知れますまい。来なかったという断言は出来ない事です。

しかし彼等は来朝したとしても、恐らくは最後に来朝したであろう徐福のような危険な使者ではなかった事でありましょう。恐らくは我が皇室から優遇されて、それぞれ立派なお土産を頂いて喜んで帰って行ったのではありますまいか。こういう種類の人々を今の言葉でスパイと申します。

但し昔のスパイは、軍機の秘密とか経済能力の調査に来たわけではありません、思想的なスパイでした。善意にもあれ、悪意にもあれ、こうした思想的スパイが恐らくは絶えず出入りしましたろう事を想像いたしますと、同床殿廃止の裏面の国際的関係が、何やら独りでに肯かれようではありませんか。

龍宮城における浦島

伝説の浦島太郎と史実の秦の徐福とが、同一人物であるかどうか、もはやいずれとも断定する必要はありますまい。

お話は元の伝説に戻りまして、浦島太郎の訪問を受けました龍宮城では、乙姫様を初めとして百官眷族《けんぞく》は彼を迎えて丁重に饗《もてなし》したと伝えているのですが、しかし、それは果たして彼を歓喜して迎えたことでしたろうか。

この辺の消息は、中々、伝説に言い廻しのあるところですから、皆様も面白くお読みを願いたいと思いますが、それとも実はあべこべに、龍宮城では恐愕為《な》すところを知らざるほどのものがあったのではありますまいか。

それにしても浦島は最上の賓客として、彼のために夜を日についで、饗宴が催されました。芳醇が盛られ、美姫が舞いました。あるいはその間、龍宮の秘法によって調合されました草根木皮金石魚介の没薬《もつやく》さえも、永久に若やいでいられるという不老不死の仙薬として、惜しげもなく供されたことでありましたろう。

この間にあって浦島太郎は毎日毎晩酔い続けておりました。酔いが覚める暇がなく、後から後からご馳走が運ばれたのでした。昼も夜も、来る日も来る日も、夢うつつの裡に恍惚として暮さざるを得ませんでした。

こうして、彼の前に日が去り、月が去って三年の時が彼の前にうかうかと流れ去って行きました。

その間に浦島太郎は何のために龍宮城に来た事か、いかようにして来た事か思い出す余裕さえなかったのでありましょう。いやこれは、それを思い出す暇がないようにさせられてしまったという方が適当かもしれないのです。思い出させないためのご馳走であったかも知れません。それを浦島に思い出されては、龍宮の人々が困るからかも知れないのです。今でも少々面倒な要求を持って来る外国の使臣に対して、このようなご馳走を外交官や式部官達が時々やっております。こうした手だてをご馳走政策と申します。

しかし三年の月日が経った時、さすがに呑気な浦島太郎も、生まれ故郷が恋しくなり出しました。それは、彼の龍宮渡来の使命の重大さを思い出したことであったかも知れません。そうして故郷へ帰ろうと乙姫に暇《いとま》を乞うた時、乙姫は彼に与うるに玉手箱をもっていました。玉手箱といえば俗語でありましょうが、古い日本語では玉匣《たまくしげ》（玉匡・玉櫛笥・玉筥）と言うのです。

浦島はこの玉手箱を大切に抱えて、再び亀の背に乗って龍宮城を去って行きました。名残惜し気に後を振り返り振り返り、常夜の波の敷波の間を潜って故郷へ帰って行きました。乙姫はじめ龍宮の百官眷族は、遣《や》る方ない別離の悲しみのうちに、龍宮の城門に立って、浦島の後姿をいつまでもいつまでも見送っていました。


しかし龍宮城の人々は、異邦から来た浦島との別れが本当にそれほどまでに悲しかったものでしたろうか、それとも三年もの長い間の流連《りゅうれん》の後に、浦島がようやくに帰ってくれたために、いや、どうにかこうにか、やっと胡麻化して追帰すことが出来たがために、一同ホっと安堵の吐息をついたその吐息が、別離の悲しみの嘆きのように、誤り伝えられたものではないでしょうか。しかしこれは伝説のことですから、どちらとも申せません。

浦島が故郷の浜辺に着いた時、意外にも彼の棲家は跡方もなく失われていました。山河も荒れ果てて、在りし昔の悌はなく、彼を見知った人々もいませんでした。行きずりの人に訊ねますと、何でも昔そういう人がいて、龍宮へ玉手箱を取りに行ったという言い伝えは残っている、というような話でした。浦島が龍宮で過ごした三年は、実は三百年の長い年月であったらしいのです。

しばし茫然とした後、あまりの孤独と寂寥に耐え難くなった浦島は、乙姫から「開けるな」と固く戒められた玉手箱を開いてみますと、中からは、ただ白い煙が立ち登ったばかりで、何も入ってはいませんでした。

そして浦島は忽ちに白髪の老人と変ってしまいました。

玉手箱

官幣大社　枚岡神社の知名のヒラオカは、明らかに天之八十平瓦《ひらか》のヒラカであると考えられます。この天之八十平瓦と申しますのは、古事記に

櫛八玉神鵜に化《な》りて、海の底に入りて、底の埴《はに》を咋《く》ひ出でゝ、天ノ之八十平瓦を作りて。

とありますもので、前述しました埴《はに》土もて作成する甕《みか》と同じものであります。この枚岡神社の宝物のひとつに、埴《はに》土文《ふみ》の箱といっものがあるそうです。それはヒラオカの社名から考えまして、当然あるべき神宝でありまして、それは埴土製の容器に埴土文すなわち秀真《ほつま》文字（天名地鎮《あないち》文字）を刻したものであるはずです。

先年、ある人が同社に参拝して宮司にその所在を訊ねましたところ、昔あったが、いつの頃にか失くなったという話でした。まことに惜しい事と思われます。

埴土文の箱と言いますから、その中に何か容れるもの、のように考えられますが、あるいは何も入っていない箱だけで意義のあるもの、のようにも考えられます。浦島太郎が乙姫から貰った玉手箱、あるいは玉くしげというのは、このようなものでしたろう。

甕あるいは平瓦と申しますものは、埴土の上に文字を刻しまして、道《ことば》の内容あるいは体系を現わしたものであります。ここで道（言葉）と文字の関係を考えますと、言葉は生きているもので文字は死んだものです。

仏教では死んだもののことを涅槃（泥日）と言います。涅槃とは粘土盤、文字のことにほかなりません。

こう考えて参りますと、文字は言葉の形骸でありまして、換言すればその容れ物であるとも言えましょう。従って甕や平瓦は道《ことば》の容物、すなわち道《ことば》を容れる箱であるということになります。

従って枚岡神社の埴土文の箱という箱も、こういう意味の箱であって、その中に言葉を入れるものと考えましたら、それは甕や平瓦と同じ意味のものである事が判って参りましょう。これで枚岡神社の社名の由来もはっきり釈けるではありませんか。

浦島の玉手箱もこういう意味の箱に相違ありますまい。それは玉を入れる箱です。玉とは霊でありまして、言霊《ことだま》すなわち言葉であります。玉櫛笥・玉筥というものもこれと全く同じものです。

この箱という言葉は、中々世界的な拡がりを持っておりまして、猶太にはノアの方舟《はこぶね》というものがあります。それは上中下三段に仕切られて、中に万物の物種を入れてあったと旧約聖書に書いてありますから、宇宙の縮図であると考えられます。恐らくはこの方舟は古代の猶太人が作成した粘土盤の一つでありまして、エホバの禁園であるエデンの園の生命と智慧の樹の葉（言葉）を写した範疇であろうと思われます。

ギリシアにはまたパンドラの箱というのがあります。箱と言っても、舟と言っても、同じものでありまして、仏教では大きな船という意味で大乗と申します。我が国では、伊勢内宮には御船代がお祭りされてあるのであります。

玉手箱とは、中々、容易ならぬものであることのご推測がついたことと存じます。

言葉と文字

戀ひつゝも今日はあらめど玉匣明けなむあすをいかで暮さむ
（萬葉集十二）
玉匣三室の山の狭名《さ》葛《かつら》さ寝ずば遂に有りがてましも（萬葉集二）
明ながら年ふる事は玉くしげ身のいたづらになればなりけり
（後撰集十五）

国文学者は、玉匣とは、「蓋」とか「明ける」とか言うことの枕詞である、とだけ説いています。それはなるほど枕詞には相違ありますまいが、平安朝時代に極端に形式化されてしまった国語の様式をそのまま鵜呑みにして、枕詞は言葉の装飾であって別に意味のないものであるなどと言っていては、いつになっても言の葉の道は釈けません。枕詞が枕詞という月並みの言葉になるためには、本来の深い意義があるのです。玉匣とは玉（霊）の容れ物、簡単に申せば文字のこと、むずかしく申せば文字をもって道《ことば》の体系をあらわした範疇のことです。

玉手箱の意義をもう少し明らかにするために、右の三つの古歌について説明をいたします。

文字もって道を示した範疇あるいは洪範は言葉の鏡であります。ミカガミすなわち神鏡《みかがみ》・甕神《みかがみ》です。浦島太郎が玉手箱を開いたと言うことは、洪範の文字を読んだと言うことほどの意味でしょう。読んで、そしてそれに自己の姿を写して見るのです。

しかし洪範は鏡でありますから、そこに写る姿は映像であって、実在するものではありません。写った姿は真如《まこと》の影でありまして、真実《まこと》ではありません。言葉の鏡によって実在を把握するには、もう一度自己に反照しなければなりません。これが真実在としての天照大神と真如の月の影としての月読尊の関係であります。

日本は、先述の如く東海の姫氏国であります。また「女ならでは夜の明けぬ国」という諺《ことわざ》も伝わっております。

姫は日女《ひめ》（日霊女《ひるめ》）であります。すなわち天照大神の御事です。天照大神は女神であられまして、「女ならでは」というオンナを御名《おんな》と書きましたら判り易くなりましょう。御名は音名《おんな》です、音（言葉）を汝として対象化したもの、すなわち文字のことです。この故に「そもじ」（其文字《そもじ》）と言えば女の代名詞です。

この女が音名（文字）となって現れて来る以前のものが男です。オトコを音子と書きましたら、音の子、すなわち言葉であることが判りましょう。天照大神は女の体で男の魂を持っていられ、高天原における最高の神であられます。

しかるに天孫降臨以後になりますと、歴史の舞台は高天原という理念の世界のみではなく、葦原中国という現実界になりますから、また関係が発展変化して参ります。天照大神は御自身の本質を御鏡にして天孫にお授けになりました。

御鏡は女(音名・洪範)です。天孫は男子をもって正系とする天皇であられます。

すなわち天皇は男の体で女の魂を持たれたお方でいらっしゃいます。男子であられる天皇は、女の魂である生命の道《ことば》の鏡を、ご自身の御魂として万世一系に伝えていらっしゃいます。けれども文字の鏡は仏教でいうところの涅槃でありまして、死んだものです。そのままにして置いたなら、永久に寂滅為薬《じゃくめついやく》の眠りを続けるだけのものです。天照大神が岩戸隠れになっている状態がすなわちこの寂滅為薬の姿です。

秘め国(神秘国)とは国体の洪範が眠っていて活動しない国のことです。しからば、いかようしたならば秘め国が秘め国でなくなるか、天照大神に岩戸から出て頂いて、日本のみならず世界中を、生命の智慧と愛によって、明るく温かく照らし育んで頂くためにはどうしたらよろしいか。そのためには眠っている御鏡を蘇返えらせればよろしいのです。ヨミガエルは読み返るです。読んで自己に反照し自覚し実行することです。

高天原の洪範が現人神《あらひとかみ》によって読み返えらされた、その自覚の具体的な把持者が天皇であらせられます。神の言葉としてのキリストの再生を、キリスト教徒は何と考えていることでありましょうか。この天照大神と天皇との哲学的関係をもって申し上げれば、法身と報身との関係となりましょう。

「三宝の山の狭名葛」とは、大和大三輪神社の神体であられる洪範のことであると解されましょう。狭名《さな》は真名《さな》です。葛《かづら》は仏教の華曼に当りましょう。草の葛は地を這って寝ておりますが、洪範というものも読み返らして自覚しなければ、いつまでも寝ているものです、眠っているものです。これをさ、ねなければ有ってもなくても同じなものです。さ、ねとは実《さね》であります。自覚と実行によって実在化されなければ、有りがてのもの、すなわち存在理由のないものです。

浦島太郎は玉手箱を開けて読むには読んだようです。玉手箱（玉くしげ）は明けるものと昔から枕詞に使われています。しかし洪範は、それを開いて読み釈いてみても、実行しなければ役に立たぬものです。

色々な玉手箱が、今まで世界の各民族によって開かれました。ギリシアではパンドラの箱というのがそれでしょうか。猶太にはノアの方舟というのがあります。印度には曼荼羅というものがあるし、支那には河図洛書がありましょう。世界の文化の創始者は、各々の民族に依姑《えこ》ひいきなく、それ相当の玉手箱を分け与えてあるはずです。

しかしどの民族も惜しいかな、それを実《さね》ることを忘れていました、というのは、身（実）をいたずらにするからです。ファウストの言葉ではありませんが、やれ神学だの哲学だのと形骸ばかりを弄んでいて、中の本当の真実を無駄にしておりました。

ですから玉手箱を開けるには開けても、浦島太郎は智慧のみ長けて、生命を喪った老人になってしまったのです。中実を忘れていては、幾人浦島太郎が龍宮から玉手箱を持ち帰ったとて、役には立たぬことでありましょう。

百千たび浦島の子は帰るとも藐姑射《はこや》の山はときはなるべき（千載集）

しからば、玉くしげの実をいたずらにせずに、狭名葛を実《さね》るにはどうしたらよいかと申しますと、これはキリスト教的に言いますれば、生命の樹とその葉（言葉）を求めればよいのです。アダムが蛇から教わったものは、ただ智慧の樹の果だけでした。蛇（クチナハ）とは、前述の如く日本語においては、蛇の比礼すなわち文字のことと解すべきです。アダムは、智慧の樹の果によって生命の樹の道を模索するべく、エホバから刑罰を科せられたのでした。

生命の樹の道とは事（言・高皇産霊）の道です。智慧の樹の果とは物（文字・神皇産霊）です。生命の樹を隠して置いて、智慧の果だけで生命の道を覚《さと》れと命じたエホバの神すなわち西洋文明の創始者は、この上なく意地悪な神です。しかし、その意地悪な事はかえって無限の慈悲でもあるのです。アダムを楽園から追放したエホバの慈悲は、そのままに神鏡の同床共殿を廃された崇神天皇の大御心であられます。

イズラエルでは楽園が閉ざされてから既に何千年になりましょうか。智慧長けて年老いたアダムの裔の浦島太郎は、いま世界中満ち満ちております、彼等は早く玉手箱を明けて中の道《ことば》を実行したいと恋いこがれてはおりますが、さて本当に楽園の蓋を開けて、その生命の樹の道の通りに行った時は一体どうなる事かと思いつつ、恐れもし逡巡もしております。しかし、もう長くは逡巡も出来ないでしょう。

その逡巡しつつある彼等の名前を、今日では自由主義者と申します。

自由主義者の国は英国です、この英国人が世界の近代文化を築き上げたのでしたけれど。

帰国後の浦島

日本を訪れた秦の徐福が、日本において殊に我が御皇室において、秦の使者としていかに待遇されたか、この辺の消息は日本の歴史には少しも載っておりません、それが載せられていない理由も皆様にはもうお判りのことです。

ですからその消息は、浦島の伝説によって推測するより他はありますまい。徐福は日本において彼の旅行の目的をある程度まで果たして、それを齎《もた》らして故郷へ帰って行ったものかも知れません。

けれども徐福が日本訪問の間の事でしたろう、さしも当時全亜細亜に強大を誇った秦朝も、幾何もなくして漢高祖の滅ぼすところとなりました。覇業を二世より万世に伝えようと意気込んだ始皇帝の比類なき雄図《ゆうと》も、形而下形而上ともに空しく挫折せざるを得ませんでした。

徐福の帰国は、あるいはこの秦朝潰滅後のことであったでしょう。その時、彼が眼のあたりに見た故国の国亡んで転《うた》た山河ある風景は、浦島太郎が帰国した時の、彼の故郷の与謝の浜辺の索漠荒涼たる有様に彷彿たるものがあったでありましょう。

こうして漢の時代になってからは、焚書の厄に遇った四書五経も壁の中から取り出されて、再び世に普ねく行われることとなりました。

それから星移ること二千年、始皇帝の覇業を今に伝えている万里長城のほとりには、日章旗が翻えりつつあります。神功皇后の三韓《さんかん》の役や、蒙古の軍船の襲来は、ないし日清日露の両戦役は、現実的意味において皇国の危機であったことは誰一人として知らぬ者はありません。しかし、秦の使者徐福の渡来が、精神的意味においていかに大きな皇国の危機であったか、誰一人として気が付く者はおりません。

道《ことば》の発展として皇国の歴史を改めて調べて参りますと、このような隠された事実が、まだ他に色々と顕われて来ることでしょう。こうした事実を次々に明にして行く事が、悟性的意義において、神秘国家を神明国家に開く所以のひとつでもありましょう。

浦島太郎は、徐福以前にも、またその以後にも、幾回となく龍宮城に訊ねて来たことでありましょう。浦島太郎の故郷は、決してお隣のそしじの唐国《からくに》ばかりではありますまい。東海の姫氏国の神秘の殿堂の周囲には、国際的思想的スパイの眼が絶えず右往左往していることでしょう。

向うから這入って来る思想は、右翼思想であれ、左翼思想であれ、実は少しも恐れる事は要らないのです。我が日本には金甌無欠と言われる天壌無垢・万世一系の道があるのですから、あらゆる輸入された思想は、ことごとくこの道に錦上華を添えるものに過ぎないのです。

しかし恐るべきは、こちらから思想を持って行かれることです。神秘国であった間は、この事を恐れねばならなかったのです。この間は国民の修業時代でありました。建国以来二千六百年、長い長い修業時代でした。この間に私共は、儒教・仏教・キリスト教・科学・近代哲学などなどの様々な試練を克服して参りました。

もう試練は卒業したのです。

「實《さね》ずば遂に有りがてましも」と古歌は歌いますが、もうその時期が参りました。

世界の誰もが真似の出来ない道を、誰も真似をせぬ間に早く実現しようではありませんか。

これこそ神武天皇が建国の御詔勅に

上は則ち乾靈《あまつかみ》の國を授けたまふ徳《うつくしび》に答へ、

下は則ち皇孫《すめみま》正を養ひたまふ心を弘めむ。

と仰せられた御遺訓に答え奉る唯一の道です。

そうして、それは同時に、過去数千年来、生き代り、死に代り、ただ今日をあらしめんがために努力して来た我等の祖先の苦労に、実を結ばせる最後の仕上げの仕事であるのです。

日本の思想に関心を持つ民族の中で、彼等の所持する古き文献などより推して、皇国に対しても、最も大きな疑惑を抱いている者は猶太民族でありましょうか。キリストの言葉として聖書を読めば、そこに驚くべきほど明らかに、我が言の葉の誠の道が示されてあることが私共には判ります。

エデンの園はいかに作られ、誰が作り、誰が閉じたかを、皆様も、もう一度よく考えてあげて下さい。

神の言葉としてのキリストの蘇返えりを信じ、その前に捧げようとして世界の黄金を集め、このようにしながら過去幾百千年となく、天国の扉を飽まず撓まず敲《たた》き続けて来た彼等猶太人達は、まだこれだとはっきりとは知らないまでも、現在、勝手気ままな方法で国家を切り廻して得々としている日本の指導階級のある者達よりは、遥かに真の日本精神に近いものを所持しているはずであります。

この猶太人が、敵であるか味方であるかは、日本人の心掛けひとつで決まることです。

いや、こうした民族は、決して猶太人ばかりではありません。法華経提婆達多品の龍女成仏の象徴であるところの糸車を、黙々と廻わしつつある彼《か》の民族も、こよなき日本の理解者のひとつです。

彼等がああして何を待ち望んでいるものか、精しくは法華経をお読みになれば判ろうことと存じます。今度の支那事変にしてもやはりそうです。

これを聖戦と申しておりますが、それは支那人や東洋人を、自覚させるためであるが故に聖戦というと考えられておりましょうが、そうではなくて、その困難を縁として、日本人が日本人として、本来の面目に立ち還えることが叶う意味での聖戦でなければならないのです。

幕末の先学 二宮尊徳はこういう歌を詠んでおります。

古道に積る落葉を掻き分けて天照神の足跡を見ん

いつの頃創られたものか、日本人の誰でも必ず知っている伝説として伝えられて、しかも今では積る落ち葉の下敷きとなってしまって、恐らくは間もなく煙滅してしまうかも知れない有様に置かれております「龍宮の乙姫と浦島太郎」の説話を、読返（蘇返）らせて、以上のような解釈を試みました。

あるいはもっとよりよき蘇返りの方法をもってしたら、この物語りの中から、更により深き意義を汲み取る事が出来ましょう。

それはなお、皆様が御銘々にお試み下さることをお願いいたします。

昭和十五年七月一日　印刷
昭和十五年七月五日　発行
定価　五拾銭

著作並発行者　小笠原孝次

第二部　平成版　龍宮の乙姫と浦島太郎

七沢賢治

一龍宮乙姫の現代的意義

昭和五十二年に小笠原孝次先生からいただいた「龍宮乙姫の神符」は、今も言霊神社に大切に保管してある。乙姫が音秘であり、秘められたロゴスの原理が世界の金を引き揚げるのだと教えていただいた。当時は、谷口清超氏が乙姫を取り上げ盛んに説いていたように、自ら乙姫を名乗る女性が各地に出るなど、龍宮乙姫の所謂ブームのような時代にあったように思う。

あれからちょうど四十年が経った。本書がこのタイミングで上梓されるのも偶然ではない。龍宮乙姫とは何か、浦島太郎とは誰だったのか、真実を明かす時がやってきたということである。それも、小笠原先生が研究されていた時代の解釈を超えた、新たな視点からのそれである。もちろん、昭和十五年に書かれた中身とはいえ、本書にはこれから言霊学を志そうとする読者の目を開かせるのに十分な内容が解りやすく盛り込まれているといえる。

しかし、高度情報化社会のこの時代に、旧来の曖昧な物言いが通用するとは思えない。厳しい言い方をすれば、それらは何も知らない人々を操作するための詐術にすらなりうる。いわば権威を温存するための古びた手法でもあるということである。

確かに、人類にとって本当に大切なものを隠すために、いたずらに人々の目に触れるのを避けるという向きもあろう。だが、そのような時代はとうの昔に終わっている。もっともらしいことを並べた曖昧さではなく、客観的な裏付けと科学的価値のある情報こそが、これからの人類を根の底の部分から豊かにしていく。まずはそこに気づくことが、この時代における、情報を発信する立場にある者としての礼儀であり、ある種の作法であることを確認したい。

そのような観点でこの『龍宮の乙姫と浦島太郎』を読み解くと、そこには言霊という古代日本の叡智のみならず、この日本という国の真の歴史、そして、これから世界がどこに向かって動いていくのかという未来への指標が、ものの見事に浮かび上がってくる。もちろんそれは、本書をそのままに読むだけでは見えてこない。本書の元の原稿が昭和十五年に発表されて以降の世界の歴史、そして、現代における最先端科学の動向を照らし合わせてみて、初めて明らかになるものである。

浦島太郎と小笠原孝次先生

さて、本書では、龍宮乙姫、浦島太郎、そして玉手箱といった三つのキーワードをテーマに、言霊学的見地から説明がなされている。つまり、龍宮は「音の飛ぶ宮」、乙姫は「音秘」、浦島太郎は「秦朝からの使者」といった具合に。結論からいうと、秦の時代に浦島太郎＝徐福が、当時の日本皇室から不老長寿の元の秘宝、すなわち言霊を貰い受けに来たが、接待漬けにされて目的を果たせぬまま、玉手箱を後生大事に故郷に戻ったというのが、物語の裏に隠された史実ではなかろうかということである。

私が初めて原本を手にしたのは、小笠原先生の門を叩いて七年になろうかという時期であった。それまで先生は、戦前の記録や著作物を一切私に見せようとされなかった。たとえば、戦前にご自身が書かれた原稿や山腰明將先生の著作物、あるいは矢野祐太郎氏のことや神政龍神会、神霊密書、明生会のことなど、往年の業績や人物について語ることは一切なかったということである。しかし、ある一定の時期が過ぎた後、戦前の著作物として唯一手渡していただいたのが、この『龍宮の乙姫と浦島太郎』であった。

この浦島太郎にもご縁があったのかもしれない。たまたま私が小学一年生の時に初めて出た劇の演目が浦島太郎であった。その時は浦島ではなく亀の役であったが、今も当時の記憶がありありと残っている。それもあってか、先生からこの本をいただいた後、大いに関心を持って読んだことを思い出す。

その民話と歴史の関わりから感じたことは、民話学という視点の存在であり、言霊に関する記録が民話に残されていることへの感動と驚きであった。七草粥のご神事もそうであるが、子供にわかりやすく残すということ、また所作にすることの大切さをこの時初めて強く感じたのである。だから古事記も子供にわかるように挿絵も加え、面白おかしく後世に残したのだと理解できた。

こうして、民話に込められた民族の歴史と日本語が同じ俎上に載ってきたことにより、当時宗教学を専攻する学生であった私は、それぞれを階層知として捉えることを志すようになった。

貨幣経済を動かすもの

そうした視点から本書を読んでいくと、先ほどのキーワード「龍宮乙姫、浦島太郎、玉手箱」がまた別の意味を持ってくることに気づかされる。まず、この龍宮という言葉である。龍宮は音の出る宮であり、言霊の宮殿でもある。広くは日本を表し、狭くは日本の皇室を意味すると小笠原先生はいう。だが、そこに続けてすかさず乙姫、すなわち音を秘めるの意が出てくる。

実はここに、貨幣経済を支配するための、そして資本主義の問題を解決するための重要な鍵が眠っている。現代の金融資本主義の原点は、実は二千年前には既に存在していた。お金を神札という木の札に変えた神官たちに対してイエスが怒ったという記録がある。いわば貨幣経済の走りともいえる出来事であるが、その後千年以上の時を経て、金（ゴールド）を紙でできた証書に変えるようになった。

では、この貨幣経済は何によって動かされているのかというと、産業革命以降の世界の歴史を見れば一目瞭然である。たとえば、ロスチャイルドが何によって一族の基盤を作ることができたのか。ワーテルローの戦いで大儲けできたのは、偏に情報あってのことである。それも他言無用の極秘情報である。もちろん、これはその一例のようなものであるが、結局、情報がお金になるということである。かつてと通信手段が変わったというだけで、基本的な仕組みは昔も今も変わらない。つまり、乙姫の「音」を「情報」という言葉に置き換えれば、「音秘」の意味も価値も理解できようというものである。

しかし、この貨幣経済、すなわち資本主義というシステムの中で、人類はこれまで様々な産業を発展させてきた。かつての算盤は電卓に変わり、パソコン、スマートフォンへと進化の道を辿っている。この進化は止まるところがなく、現在のスマホは十五年前のスーパーコンピュータと同性能だともいわれる。恐らくそのスピードはこれから先、益々加速して行くはずである。それに伴い、社会そのものも変化を余儀なくされる。

その時に留意すべきは、コンピュータのような最新のシステムによって社会が変わるのではなく、それによりまず人々の考えが変わり、それが既成の概念になることで社会が変わるという、階層性が存在することである。そこで実際に起きていることを看過すると、人間は社会の道具となってしまう。

では、人々の概念はその後どのように変化していくのだろうか。その時に大切な要素が、理念ともいうべきものである。概念が理念に昇華していく段階において、それは人々の価値基準、あるいは行動規範に反映され、社会の存在理由が明確になっていく。つまり、人々の心が何によって繋がるのかという明確な答えが露わになるということである。

農業には農業の理念、商業には商業の理念というように、それぞれの産業が培ってきた理念が存在するはずであるが、これまでの社会では、物と心をどう合わせ、どう運用していくのかということに主眼が置かれてきた。また、それが社会のありようとなって現れてきた。

しかし、その根底にあるものが情報であることは、先ほど述べた通りである。とりわけ現代という高度情報化社会においては、物ではなく、情報というものが心とどう関わりを持つのか、それを法則化しなければ、正しい理念も生まれない。その法則をはっきりさせない限り、人類は情報の奴隷となったまま、やがて猛スピードで大量に放出される情報の渦に、ある者は飲み込まれ、ある者は吹き飛ばされることになるであろう。

情報は金なり

本書の役割は、冒頭に記したように、「これから世界がどこに向かって動いていくのかという未来への指標」を提示することにある。より具体的にいえば、現代の資本主義がどこに向かおうしているのか、ということであり、それには資本主義の実態を、情報という観点から、更に踏み込んで解析する必要がある。

まずは、先ほどから繰り返し出てくる情報の正体について考えてみたい。情報とは何であろうか。様々ないいようはあるが、一ついえることは、それが「時空間を定義するもの」であるということである。未来の時空を先取りすることもできれば、過去の再定義もできる。しかし、いずれの場合も、情報そのものが目に見えるということはない。

そうした観点で貨幣経済のありようを見ると、情報が可視化された時点で、それがお金に変わることがわかる。株の取引であれば画面上の数字になるが、より身近な例でいうと、ここにある机も椅子も、このように作ろうという意図、つまり情報があって初めて形になり、お金になるということである。それも最初は品質の良さから入るが、やがて品位になり、品格へと向上していく。つまり情報の質が変わっていくということである。

こうした考察からわかるように、情報からお金の生まれる仕組みが、この資本主義社会の特徴であるということである。「時は金なり」というが、当然情報をやり取りするスピードが速ければ速いほど、お金の動きも青天井となる。今やコンピュータで一秒間のうちに百万回の株取引ができると聞くが、本気でお金を求めるのであれば、そうしたシステムを開発しない手はないわけであり、驚くことは何もない。今後更にその速度は上がっていくことだろう。

始皇帝が求めたもの

こうして見ていくと、情報の重要性がよく理解できるのではないかと思う。東洋医学には気という概念があるが、あれも結局は情報である。手から気が出るとは、そこからある特定の情報が出ているということでもある。それがわからないといつまでも熱力のような低階層のエネルギーに頼らざるを得ない。言い方を変えれば、情報が気となり、気が身体を変えるということである。

この図式をより広範に見ると、次のようなことがわかる。情報がエネルギーを生み、エネルギーが物質を生むということである。三角形の図にすると、頂点に情報があり、それが右下のエネルギーとなり、次に左下の物質となり、そこからまた情報の発信に戻るというように。直線的に見れば、情報→エネルギー→物質という流れがわかる。

■意志情報・エネルギー・物質の変換公式

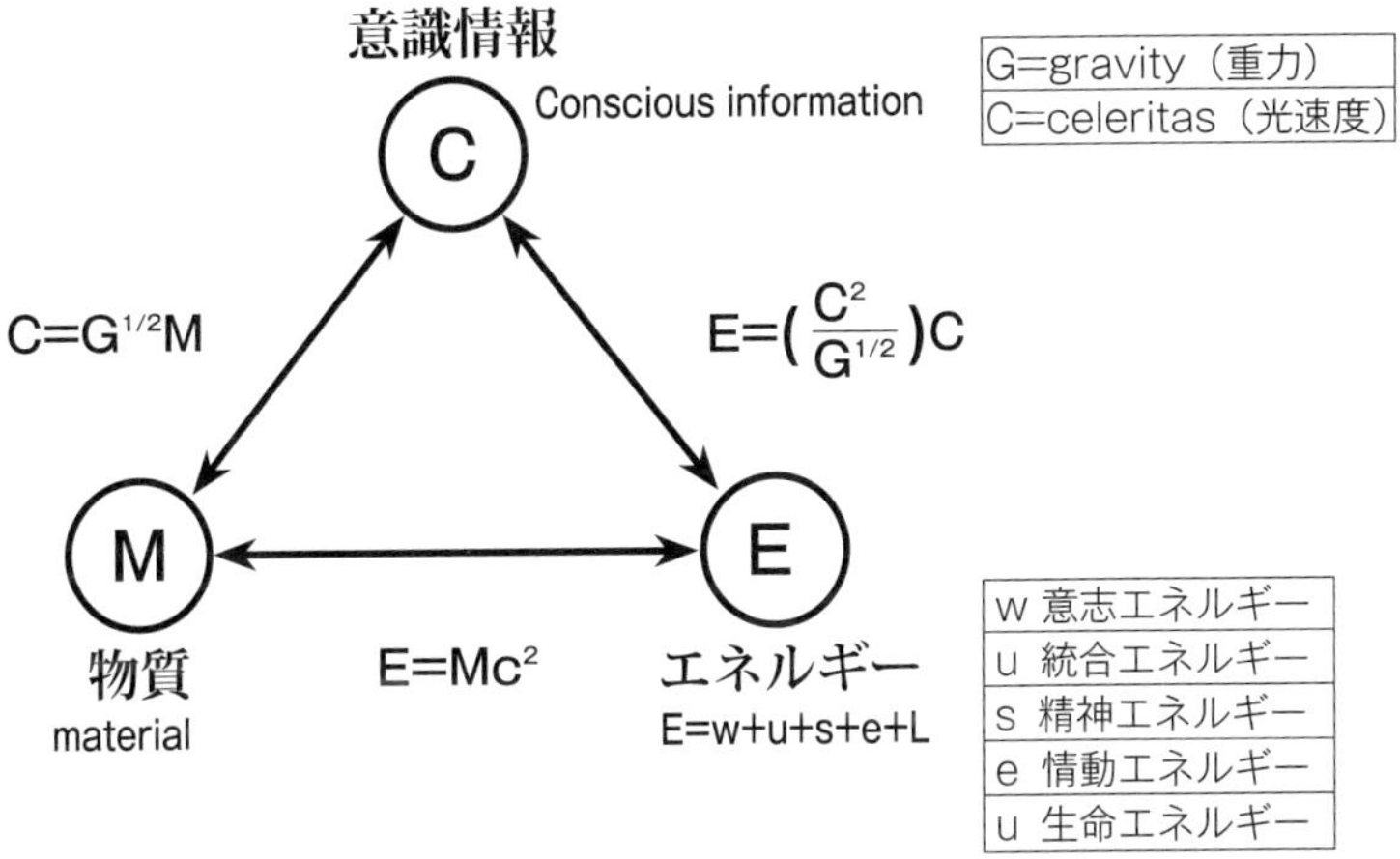

これをより一般的なたとえで表現すると、何かを作ろうという設計図があれば、そこに人が集まり、物ができてしまうということに似ている。つまり、意志情報が設計図であり、それが魅力的なものであればあるほど、そこに強いエネルギーが発生し、人々を惹きつけ、物としての完成を早めるということである。たまたま一例を示したまでだが、この図式はあらゆるものに適用される。

ギリシア哲学では、かつてプラトンによりイデア論が説かれたが、このイデアを情報という言葉に置き換えると面白い。曰く、本当にこの世に実在するのはイデアであって、我々が肉体的に感覚している対象や世界とはあくまでイデアの似像にすぎないというわけである。まさに設計図のありようを示しているといえないだろうか。

とりわけ今という時代は、情報というものが、心と物をつないでいる。これも先ほどの三角形に当てはめてみよう。結局、情報が即ち気であり、理念であり、心になるということである。それが物に姿を変えるわけであるが、それぞれを繋ぐ結合エネルギーもまた情報である。二次的なものを除けば最後は情報しか残らない、それがイデアであり、意志なる情報だということになる。

しからば、この情報とは一体何であろうか。情報が全ての根元にあるとすれば、この情報の正体を知り、それを自在に扱える人間がこの世を思うがまま操作できるといえないだろうか。だが、それは神事《かみごと》にも近い仕業である。果たして人間にそれができるのだろうかと疑問に思われても仕方ない。

しかし、今から二千年以上も前にそれに気づいていた人物がいた。それが秦の始皇帝である。恐らく当時の中国に伝説が残っていたのだろう。それがギリシアから伝わったのか、元からあったのかは分からない。何れにしても始皇帝は、万里の長城を築いたように、設計図としての情報こそが全てを支配することを知っていたフシがある。そして、情報が言葉そのものでできていることを。

情報の最小単位とは

情報とは何か、それを最も単純な姿として捉えれば、今ここで読者も目にしている言葉に他ならない。情報の最小単位とは言葉であり、逆にいえば、言葉という最小単位から情報は作られていく。情報を支配する者が世界を支配するのであれば、情報の最小単位を掴んだ者が、疑いなくこの世の覇者となるであろう。しかし、その時点で覇者という言葉は必要ないかもしれない。なぜなら、その時は、単なる空間の覇者ではなく、時空間そのものを創造する存在になっているからである。

だが、言葉ですら最小単位ではないと知ったらどうであろう。たとえば、「あ」や「か」といったそれぞれの一音一音は十分最小単位になりうると考えられるが、厳密にそうではない。更にその最小単位がある。それが言霊である。言葉そのものは当時の中国にもあった。しかし、言霊はなかった。言霊がなければこの世の創造はできないのである。不老不死とは時間を超えることを意味する。言葉は時間の壁を超えられないが、言霊は時間を超え空間を超える。それが物語の中で、浦島太郎の龍宮入りから白髪の老人になるまでのストーリーに表現されたのではないだろうか。

それにしても龍宮とはよく言ったものである。これを「りゅうぐう」と読むこともできれば、「たちのみや」と取ることもできる。「たち」とは太刀であり、「断つ」を示す言葉でもある。言葉の最小単位を掴むには、言葉そのものを徹底的に分断してみるとよい。すると言霊が現れる。しかし生半可な太刀でそれはできない。龍宮、即ち「たちのみや」に行かなければ、それはないのである。また、そこに行かなければ、言葉の最小単位たる言霊の正体はわからない。

恐らく、浦島太郎こと、徐福も真剣であったことだろう。あるいは命がけでそれを掴み、祖国に持って帰りたいと願ったに違いない。しかし、龍宮側としてもおいそれと、人類の至宝を始皇帝の覇権の道具に渡すわけにはいかなかった。表面的には歓迎ムードを装っていても、裏では相当な作戦が練られたに違いない。結局接待漬けという三年の享楽の日々を経て、徐福は故郷に帰ることとなった。その時に渡されたのがあの玉手箱である。

世の中には、徐福は始皇帝の怒りに触れるのを恐れて故郷に戻らずそのまま日本に残ったという説もあるが、私はそうは思わない。物語をよく読んでほしい。彼は確かにかつて秦があった場所に戻ったのである。そうでなければ物語の意味がない。残った人間もいたかもしれないが、それは当初日本に渡ってきた一団の一部であったろう。彼らの任務は今でいう諜報活動であり、引き続き徐福の任務を継承する人間がいたとしても不思議はないのである。

玉手箱とは何だったのか

ところで、徐福が持ち帰った玉手箱とは一体何だったのだろうか。箱の中身は確かに空であった。しかし、箱を開けるまでに実際には三百年が経っていたという。ということは、ただの空っぽではなく、三百年という時間を伴う空であったことがわかる。これを現代風に解釈すれば、それは本当の空ではなかった。時間というエネルギーを伴った空であったということがわかる。先ほど資本主義に関する段で説明したように、「時は金なり」のごとく、それは時間であり金でもあったということ。つまり、それはそれで十分な宝であったといえるのである。

また、空であるとは何もないことではない、ということが現代の研究からわかっている。仮に本当の真空であったとしても、そこにはエーテルやオルゴンといったエネルギーが充満しているとされる。余談だが、恐らくユダヤにおける契約の聖櫃も同様のものであったろう。言霊とは元々目に見えるものではないからである。

もう一つ注目すべき点がある。それは、箱を開けたら煙が出てきたという部分である。煙が出てきたということは、単純に煙の元があったということに他ならない。問題はその煙とは何かということである。これも現代の科学で分析すれば、答えは簡単に出てくる。煙とは炭素であり、更に詳しくいえば生焼けの炭素である。

だが、今やこの炭素には様々な情報が入ることがわかっている。そのように考えると、たとえば地球におけるシューマン共振という周波数や、太陽系惑星の周波数が、そこに閉じ込められていたと考えてもおかしくない。が、実はこれらの周波数が言霊そのものであると気づいた人間は、当時どこにもいなかった。当然である。そこまで解析できるだけの科学がなかったのだから。

そしてもう一つ加えるべきことがある。これも現代の科学があって初めてわかることであるが、チェルノブイリや福島の例のように、煙には放射性物質が含まれていることがある。放射能は間違って使うと致命的な害となるが、うまく使えばホルミシス効果のように、人間を長寿にすることもできる。つまり、玉手箱から煙が出てきたとは、不老長寿の観点から、意外と現代科学に即した現象でもあったということである。

当然のことながら、小笠原先生は戦前の科学のレベルで本書を書かれている。その中で精一杯の解釈を試みておられるが、それが現代の目から見てどうなのかを究明しなければ、せっかくの本書を現代に生きる人々のために役立てることはできない。先生はそれをよくわかっておられたが故に、その後の検証を私に任せたのだと思う。一見すると本書の解釈を上書きしているように見えるが、独善的にただそれをしているわけではない。それが今は亡き師との約束であったからである。

龍宮という名の天界

ここでまた新たな解釈を付け加える。それは現代における龍宮とは一体どこにあるのかという素朴な疑問についてである。これまでの話の流れから、それは今も同じく皇室にあるのではないかと勘繰られる読者もおいでかと思うが、脳科学、とりわけ量子脳理論の登場で推測されることは、その龍宮とは、実は人間の脳そのものを指し示すのではないかということである。

ただし、その機能と性能は階層性の中に閉じ込められているが故に、未だ十分活かされておらず、当然ながらそうした事実も、一般的にはあまり知られていない。しかし、理想社会がどこにあるのかといえば、同じくそれは外部のどこかではなく、自身の脳にあるということになろう。それをギリシアの古い言葉から、我々はイソノミヤと呼んでいる。

それに付随して、この龍宮乙姫の物語には更に考慮すべき面がある。先ほどまで神道や科学といった視点で本書のキーワードを読み解いてきたが、仏教的なものの見方も忘れてはならないだろう。龍宮の乙姫は、仏教でいう十界の天人を彷彿させるところがある。天人といっても、それは決して仏陀のような高尚な存在ではない。欲望を満たすことで喜びを感じる階層であり、仏教ではそうした境涯に浸ることをある種の地獄と見なしている。

そのような意味において、不老不死を得たいとはまさに天人の欲望であり、そこには法華経の影響も見え隠れする。海の中とは「産み」の前段階であり、未だ地獄の住人から人間に移行していない状態を示す表現をいう。ひょっとするとそれは、自らの欲望のために徐福を使わせた始皇帝のことをいっていたのかもしれない。

龍宮があった海の世界は、神道の大祓では根の国、底の国と表現されている。根の国とは、音（ね）の国でもある。それを隠すのが乙姫の役割であり、そこに行く者が狙った宝を手にすることは未来永劫ない。結局は自らの欲望により、時間というエネルギーを浪費するだけなのである。それが白髪の老人になった浦島太郎の姿に仮託されたのではなかろうか。そうした見地から、龍宮乙姫は、天界という地獄の番人と見て取れなくもない。

秦朝の末裔たち

当時の秦は、現存する歴史的遺物や資料から、あらゆる側面で文明が発達していたことがわかる。とりわけ、本草学を中心に、医学、化学、薬学といった分野は、世界でも最高峰のレベルにあったことだろう。それらがその後、約千年をかけてヨーロッパに広がった。錬金術や原子転換という概念が生まれたのもそこからの影響である。秦がこうして類稀な文明国になれたのは、その背景に道教があったからだといわれる。おそらく当時のそれは、現代のものと大きく異なっていたはずであるが、万象の法則を希求するものであることに変わりはなかったであろう。

また、兵馬俑や万里の長城といった建造物のスケールにも驚かされる。一体どれだけ権力をほしいままにしたのか、通常の感覚では想像すらできないぐらいである。しかし、あれだけの力を持ち、どれだけやりたい放題であっても、最後は不老長寿を望み、自身に続く子孫の永遠なる繁栄を願った。つまり、始皇帝といえども人間だったということである。もっといえば、欲望を満たす喜びを最上とする未だ地獄の階層にいたということがいえる。

当時の秦の、あるいは始皇帝の世界を席巻する勢いを見るにつけ、現代における資本主義の行き詰まりを感じざるをえない。あらゆる科学の発達、煌びやかな建造物の数々、金融で世界を牛耳る権力者たち。今やお金さえあれば、できないことはないといわれる時代である。世界の支配層ともいえる大富豪たちはやりたい放題であろう。その欲望は相変わらず権力とお金に向かっているかに見える。しかし、彼らは明らかに始皇帝と同じ地獄の階層を抜けられずにいる。それは、そうした富豪たちが、実際に不老不死の法を探し求めていることからも明らかである。

ところで、始皇帝はいかにして日本に不老不死を実現する最高の法があると知ったのだろうか。一説にそれは、道教の方士、徐福の進言によるものであったとされる。確かにその可能性は薄くない。そのように考えると、ここに一つの仮説が浮かんでくる。それは、浦島太郎すなわち徐福が助けた亀は、実は日本人のことではなかったろうかということである。

秦の時代に、秦の国にいた日本人が徐福に何らかのことで助けられた。その日本人が彼の恩に報いようと、日本に不老不死の宝があることを仄めかした、ということは考えられないだろうか。徐福も道教の古い言い伝えから何らかの手掛かりは得ていた。つまり、徐福を日本に案内したのは、皇室から秦に派遣された日本の諜報員ではなかったろうかということである。その線で考えれば、亀が徐福をわざわざ龍宮に連れていった理由も頷ける。しかし、亀はあくまで臣下の立場であり、宝の持つ真の意味については知る由もなかったと考えられる。結局、徐福が得たのは空の箱であった。

読者は七草の歌をご存知だろうか。

七草なずな　唐土の鳥が　日本の国に　渡らぬ先に　ストトントン

冒頭で七草粥のご神事について触れたように、七草のそれぞれには言霊の奥義が秘められている。すると、ここに出てくる唐土がどの国のことをいっているのか朧げに見えてくる。明らかにそれが唐でないということはおわかりだろう。なぜなら、その時代は日本が唐の文化を貰い受けに行ったわけであり、ここに出てくるような警戒心は馴染まないからである。とすると、それは秦国以外にないとわかる。

この浦島太郎の出来事は、歴史的には紀元前の話と考えられるが、徐福が中国に帰った後も、時代をおいて秦朝の末裔が度々日本を訪れている。史実にも、始皇帝の子孫である弓月君が多くの人民を率いて朝鮮から渡来し、朝廷に仕えたとある。それが秦一族であり、その後の日本で特定の地位を占めるようにな った。現在も秦、波多野、畑野といった姓は、その末裔である可能性が高い。いわゆる忍びの系譜はこうした一族から多く輩出されており、かつての徐福が諜報活動のため日本にやってきたことを考えると、同じ系統としてそこに不思議はないように感じる。

歴史学としての浦島伝説

今回たまたま本書が世に出るのに乗じ、こうして執筆の機会を得たが、今という時代に再びこの浦島伝説を語るのには、それなりの意味があるのだろう。小笠原先生が若かりし頃、本書が発行された戦前という時代には、科学も歴史学の深化も時代相応であり、先生の書かれる内容もどちらかというと寓話的であった。しかし、現代において、歴史学という文脈の中で再度これを語れるようになったことは、まさに時代の恩恵としかいいようがない。

とりわけ階層性という概念が明確に登場したのは、二十一世紀に入ってからのことである。それにより、全体性という概念の捉え方が飛躍的に進歩したのは、必然というよりも時代の要請であったかもしれない。自然科学、社会科学、人文科学といったそれぞれの分野も、今や分離ではなく統合が求められる時代である。そのような現代において、過去の物語を歴史学的に解明しようとすることの意義は、これまでになく大きいといえるだろう。つまり、こうした手続きにより、これまで見えてこなかった歴史の点と点との結びの世界が詳らかになるということである。これから歴史学を含め、人文科学の果たす役割にますます期待が集まるところである。

先ほどから繰り返し述べるように、歴史の文脈で語れるということ、またそこを強調できるようになったことは、寓話がただの寓話ではなく、史実に即したものであることを遠からず意味するものである。それが真実味を帯びることにより、読み手の意識を変えることに一役も二役も買うことになる。客観的な再現性を重視する科学が、人々に疑いのない確信を抱かせるのと同様、民話や伝説に残された話とはいえ、歴史学的に裏付けのある伝承は、それだけで人類の失われた記憶を呼び覚ます力があるといえるだろう。

小笠原先生のご指示で言霊修行の間、唯一お会いした霊能者がいる。それが車小房氏であった。大本教最後の流れを汲む人物であり、当時既に九十歳を越えていたと思われるが、肝川龍神の信仰を母体に自身が主宰する宗教団体を率いておられた。本物という意味では、まさに日本で最後の霊能者であったといってもいいだろう。氏を訪れた際、ご神事で書かれた神代文字の日本語五十音を拝見した。その軸装された阿比留草文字の荘厳な印象と、この言霊が世界の決め手だと語っておられた姿は、今でもはっきりと脳裏に焼き付いている。

が、そこで改めて思うことがある。それは、最後はシャーマニズムの境涯を脱却せよと提言していた小笠原先生が、なぜに私に車小房氏を紹介したのか。そして肝川龍神とは何だったのか。肝川は兵庫県川辺郡の寒村で、明治末期に全村が大本信者となった特異な地である。教団内で「控えの地」として重視されたが、やがて大本の支部長車末吉の妻小房に、村の禁足地「雨の森」の龍神が憑依し、それを肝川龍神と呼んだ。以降真理を求めて数多くの人々が車氏の元を訪れるが、氏が最後に掴んだのは結局五十音であり言霊だった。つまり、小笠原先生が車氏に見ていたのは、龍宮乙姫の姿ではなかったろうかということである。

当時まだ二十代の私は、その後、富士の伝承や熊野の言い伝えなど、全国の各地に浦島伝説があることを知ることになる。また、『日本書紀』をはじめ『万葉集』、『丹後風土記』など、浦島太郎に触れた記録や物語が、日本の歴史において欠くべからざる底流をなしていることに興味を抱いた。「浦の嶼子（しまこ）」に親近感を感じるのは、単なる歴史的好奇心からではなく、五十音の精髄を体得すべく浦島と自身とを重ね合わせた結果ではなかろうかと思う。そのような見地から旧来の徐福伝説、すなわち徐福日本残留説の中身を目にすると、どうしても違和感が出てくるということである。

その、富士ということでいえば、河口湖浅間神社の御師の家系である本庄家が徐福の末裔だといわれているが、その伝承からすると徐福は日本に残ったことになる。だが、実際には、徐福が秦から連れてきた童子の誰かが現地の日本人と結婚し、その子孫が本庄家の元になったということだろう。他の説に、徐福は確かに中国に戻ったが、船が難破して仕方なく戻ってきたという話もある。いずれにしても、後世に伝承する立場の人間たちが徐福の日本滞留説を好むのは、彼らにとっての都合のいい何かがあったからに違いない。

実際、徐福が故郷に戻ったとすると、それにより説明がつくことも多い。つまり、玉手箱を開けたのは中国に帰着してからのことであり、そこから何年も長生きしたという考え方である。それが果たして本当に三百年であったかどうかはわからない。武内宿禰も八百年生きたといわれるが、要は常軌を逸した長生きの目安としてそのような方便が使われたのだろう。

徐福が中国に戻った当時、既に始皇帝の姿はなく、末子の胡亥が始皇帝の側近、趙高に擁立され、二世皇帝を名乗っていた。徐福が体験した日本での出来事や彼自身が掴んだ言霊の輪郭は、おそらく胡亥の側近にも伝わったはずである。だが、胡亥はすっかり趙高をはじめとする大臣たちに取り込まれていた。彼らは意図的に胡亥を囲い、権力を握ろうとしたのである。結果、徐福が持ち帰ったもののうち、本草学だけが取り入れられ、不老不死に繋がる言霊の法は除外された。二世に長生きされては困るというわけである。それが伝説になり民話となった。その後、始皇帝の子孫たちがある一定の時期を経て、また同じものを探しに来たというわけである。秦氏が日本に来た理由には諸説あるが、浦島伝説の裏にこうした秘史があると考えると、日本という国の成り立ちにも新たな視点が加わってくる。その視点こそ日本人に目覚めを与え、本来の姿ともいうべき原点に戻すものかもしれない。

乙姫が世界の金を引き揚げる時

小笠原孝次先生が三十代の頃に執筆されたこの『龍宮の乙姫と浦島太郎』とは、結局何だったのだろうか。現代に生きる我々に何を教えようとしたのだろうか。もちろん、それらを中身通りに受け取ることもできる。が、これまで見てきたように、その真意は現代の様々な科学の発達により、初めて解き明かされるものであると私は考える。真意、それは小笠原先生も意図していない、あるいは僭越ながら、当時もその後も気づいておられなかった内容かもしれない。

しかし一方で先生は、言霊そのもの、または言霊に纏わる伝承が科学で解明されることを強く望んでいた。逆に、それらが科学によって解明されるまでは、むやみに表に出さないよう釘を刺されていたぐらいである。それを考えると本書はまさに、然るべきタイミングで世に送り出されることになったといえよう。

最後に、その科学に基づく成果を、本書の結論として読者にお伝えしたいと思う。

この龍宮と浦島の物語からは、重要なある脳の役割が浮かび上がってくる。すなわちタイムマシンとしての脳の機能である。三日が三年、三年が三百年という時間の飛び方をどう見るか。これをただの寓話と片付けるのであれば、そこに何の学びも発見もない。しかし、取りようによっては、当時の最先端の教えがこの物語に封じ込められたはずであり、同時に未来永劫変わらない真理もそこに隠されていると見ることができる。考えてもみていただきたい。日本書紀の以前からあったとされるこの民話に、時空間をジャンプするという結末がどうして登場したのか、果たして大昔の人間にそのような発想ができる能力があったのだろうかと。

こうして考えてみると、それは特殊能力というよりも、人類に本来備わっている力もしくは機能と捉えた方が自然である。先ほど科学という話をした。たとえば脳の機能ということでいえば、我々はおよそ一万分の一秒という短時間のうちに言葉と言葉を繋ぎ文章化する能力を持つ。それがあまりにも刹那であるため、普段は気づかないだけであるが、科学で分析するとそのような結果が出るということである。これはほとんど時間にならない世界ではないだろうか。要は一瞬にして言葉を紡ぎ出すということである。新たな言葉を出すためには、前の言葉が消えてなくてはならない。つまり、瞬間のうちに創造と破壊を行なっているということである。

天台の教えに一念三千という言葉があるが、人間はほんのわずかな時間のうちに人生数十年を回顧することができるといわれる。その情報量は一体何ビットあるというのか。極端な言い方をすれば、我々は瞬時に一生分の情報量を体験できるということでもある。つまり、この物語に即していえば、何も三百年といった長期間生きる必要はなく、普通に三乃至は四倍、濃密な人生を生きていればそれと同等の価値を得ることができるというわけである。脳科学、そして最近流行りの人工知能の例を考えれば、その三倍がいかに控え目な数字かがわかる。いくつかの文献を調べると、浦島太郎は実は八千歳まで生きたという説もあるようだが、むしろこちらの方が現代人にはしっくりくるだろう。

つまり、時間を飛び越えよと、この物語はいっている。それは、時空連続体という四次元界を超えることであり、タイムマシンともいえる人間の脳の機能がそれを可能にする。しかし、それはそれである。いくら脳にそのような機能があるとしても、それを動かす最小単位としての何かが必要である。始皇帝が求めた不老不死の妙薬とは、まさにその何かに他ならない。それが、玉手箱の中身、すなわち言霊五十神だったのである。言葉に色も形もないように、言霊にも実体はない。しかし宇宙万物の最小単位として至るところにあるともいえる。その正体が既に科学の力で解明されていると知ったら、昔の人はどう思うであろうか。

もちろん、元の浦島のストーリーにおいて、この不老不死の秘薬の正体は明かされていない。玉手箱の中身とは一体何だったのか。箱を開けたら、なぜ浦島太郎は白髪の老人になったのか。謎が謎のまま放置されているかのようである。しかし、この物語を脳のトレーニングに結びつけて考えると、それはそれで十分といえるかもしれない。かつてはそうはいかなかった。科学の発達した現代だからそういえるのである。つまり、穿った見方をすれば、時間を超えるための訓練によりその解が得られるという、高度な仕掛けが物語に埋め込まれているということである。それを小笠原先生は、文中に言霊が埋め込まれていると表現しているが、現代の作法で文字通り解釈すると、あとは本人の努力次第ということになるだろう。それは、「浦島を超えてみよ」という公案を解くことでもある。

今度は物語を資本主義の視点から読み解くと、タイムマシンの出発点が龍宮にあるということがわかる。本書にもあるように、「龍」という漢字には「音が飛ぶ」の意があり、その元の宮が龍宮であると理解できよう。「音」は言霊そのものを示すため、それにより、時間と情報を自由にコントロールできる人間がビジネスを制することができるとわかる。当然といえば当然のことであるが、未だ資本主義という概念のない時代の物語である。それがいかに広範な真理を孕んでいるか容易に想像がつくであろう。かつては、そうした能力を引き出して成功した人がいると、奥方は龍宮乙姫と呼ばれたものである。

現代においてその錬金術は、百万分の一秒で為替取引を行う高度なコンピュータシステムに委ねられているが、要は時間と情報の操作である。どこよりも時間を縮めることができ、他を圧倒する情報量があれば、この貨幣経済で勝利を収めるのはそう難しいことではない。それを支えるのもまた資本の力である。こうして現代文明の支配者たちは、自らの意のままにこの世界を動かしているかに見える。しかし、その根本は龍宮にある。時間も情報も根は一緒であり、全ての力の出所を龍宮乙姫が押さえている。冒頭で紹介した「龍宮乙姫の神符」とは、まさにその大元から発布される指令書のようなものといえる。

今という時代において、その龍宮の役割を果たせるのは、言霊すなわち時間と情報の根源を自在に操作できる存在しかない。言霊をただの歴史や宗教用語と捉えているうちは何もわからない。科学で分析し解明できて初めてその本質がわかるものである。それがいかなる力を発揮するものであるかは、読者もこれから目の当たりにすることになろう。龍宮乙姫が世界の金を引き揚げる日は近い。

第三部　渡来人だからこそ憧れた日本の世界観

七沢賢治

日本人の倫理的原動力

不意に想い浮かんだことがある。それは、この珠玉ともいえる言霊の真価を、かつても今も一体どれだけの日本人が認識しているかということである。むしろ日本にいてはわかりづらいものなのかもしれないと。そう感じたのは、ちょうど仕事の関係で東京に滞在している時のことであった。昔からそうであるが、自宅のある甲府を離れると、その時の自身の状況も含め、物事を客観的に見る癖が付いているようだ。

そこで、その想いをかつて徐福が生きていた時代に巡らせてみる。するとそこには明らかに、始めから日本に住んでいてはわからないある種の憧憬が、日本を外側から見ている私の脳裏に湧いてくる。その背後にあるのは、たとえば東方見聞録に見られるような物質的絢爛さではなく、至極透明な規範のようなものといえようか。そこには、為政者の圧力とは無関係の、和気藹々とした人民の姿が確かにある。

かつて武家の世界には「御照覧あれ」という言い回しがあった。公家では「かへりごと」という言い方をするが、いずれにも自らの行為をそっくりそのまま、諸神諸仏や御先祖に見ていただく、あるいはお返しするという意味がある。そうした目には見えないが〝ある〟という世界観が日本人の倫理的原動力となり、かつての日本を動かしてきたと考えられる。その根底にあるのは階層性の自覚であり、より明確には「カミ・キミ・オミ・タミ・イミ」に分類される五階層をいう。

同じくこれは、日本語五十音という言霊麻邇が内包する宇宙の原理でもある。つまり「a・i・u・e・o」という母音が五つの階層を示す。これに「K・S・T・N・H・M・Y・R」という父韻が位相性の概念として加わり、両者から子音が生まれる。それにより音図が完成し、この五十音のマトリクスが、人間が知覚する宇宙を創造していくことになるのである。

「日本語」の真価とそれを話す日本人

一見しただけでその価値は容易にわからないかもしれないが、少なくともそこに階層性の原理があることはご理解いただけるだろう。神道の大祓に「畔放ち・溝埋め」という天津罪が出てくるが、これは万物の根本にある階層を壊すことを意味し、その世界では最も忌み嫌われる内容となっている。

翻って今日の世界の状況を見るにつけ、あらゆる面でこの天津罪が犯されていることがわかる。人間関係しかり、人間と動物との関係、社会との関係、そして地球環境との関係しかりである。一つの階層に横の繋がりというものも含まれるが、まるで資本主義社会が成長の拠り所とする欲望次元の階層を、右往左往しているのが現代人のほとんどの姿ではないだろうか。縦の階層がすっかり消えてしまっている。秦という稀に見る大国が始皇帝の二代目で滅んでしまったのも、これと無関係ではない。

話を元に戻すと、こうした大切な真理は、確かに日本語を話す人間として生まれ日本に住み着くと、まったく見えてこない可能性がある。なぜなら、当り前すぎるほど当り前の行為の中にそれは〝ある〟のであり、仮にそのことについて考えたとしても、考え方や考えそのものに既に真理が反映されてしまっているからである。まさに灯台下暗しといえよう。

すると、日本に住む日本人よりも、むしろ日本を外側から見る立場にある人間の方が、日本の客観的な評価をするには適していることがわかる。しかも日本語を話すことのできない人物であれば尚更である。そのような観点から浦島太郎こと徐福を日本の側から改めて評価すると、現代的には亡命者としての側面も見え隠れする。別の見方をすれば、日本を母国としない亡命者だからこそ、日本人が気づかない日本の宝を、日本人の誰よりも高く評価できたのだろう。

「言霊の幸はふ国」の価値を知っていたのは…

同じく、それを守った当時の日本皇室もそれを知っていたことになる。つまり、日本語五十音の珠玉的価値である。おかしな言い方に聞こえるかもしれないが、その至宝を奪いに来たのが亡命者だったとすれば、それを守ったのも亡命者たる渡来人だったと見ることができるのである。亡命者という言い方は適切ではないかもしれないが、生粋の日本人ではないという意味を込めて、敢えてそのような表現をさせていただく。

中国が秦の時代、日本は既に弥生時代に入っていた。神武天皇が弥生時代中期に即位して以降は、それ以前とは異なる勢いで大陸の文化も渡来人も入ってきたと考えられる。後の天武天皇のように、大陸から渡ってきた天皇が当時の皇室を守っていたと見てもおかしくない。天武天皇が言霊百神を内に秘めた古事記の編纂を命じたように、徐福を受け入れた時代の日本皇室も、日本語五十音の真価を十分に理解していた。つまり彼らも、元は日本という国を大陸から見ていた亡命者の集団であったと推察されるのである。

すると、浦島の物語には、日本人が気づかなかった言霊の至高の価値を、一つは弥生時代に龍宮を打ち立てた渡来人によって、今一つは宝を持ち帰ろうとした徐福の存在によって、二重に思い知らされる流れが存在することがわかる。

そのような見方からすると、時代は徐福の大分後になるが、日本を「言霊の幸はふ国」と評した山上憶良も、亡命者の一人であったことだろう。史実には、父親と一緒に百済から日本にやって来たとあるが、元の血筋は百済でも漢でもなく、かつての秦朝に繋がっていた可能性がある。秦一族が血族の伝承を聞いて日本に落ち着いたように、憶良も同様の言い伝えを耳にして日本にやって来たのではないか。さすれば、その伝説こそあの浦島伝説に繋がるものであり、人類の至宝たる法の所在を仄めかす暗号を孕んでいたに違いない。

ここまでの流れで読者もお気づきのように、本当の意味で言霊の価値を認めたのは、土着の日本人ではなかったということである。紀元前の昔から、渤海の東に蓬莱の国があることは知られていた。蓬莱の国、それは憶良の言葉を借りるならまさに言霊の幸はふ国であり、徐福が日本を知る遥か以前より道教の口伝に秘された神話の国であった。

しかし、当の日本人は昔も今もそれに気づいていない。何が日本を世界有数の経済大国にしたのか、何が日本人をして数多くのノーベル賞を取らせるのか、そして、日本の何が世界中から集まる観光客から賞賛を得るのか。まさかそれが、秦朝以前の古い時代からあるものとは、誰も思わないのである。

玉手箱を手にした中国人

さて、ここで時代を一気に跨いで近代に目を向けてみよう。特に注目したいのは、日本と中国の関係である。秦の時代の中国人が日本に憧憬を抱き、人類の至宝ともいえる言霊の教えを貰い受けに来たとすると、日本が西欧化の波に呑み込まれた明治期以降、その関係はどのように変化したであろうか。それを知るには、近代において徐福と同じ立場にあった人間が、日本と中国それぞれの国において、どのような役割を果たしてきたのかを見るとわかりやすい。

そこで、今の中国を生み出した原動力ともなった中国人（台湾人）を挙げてみる。蒋介石、孫文、魯迅、郭沫若、胡蘭成。このメンバーの特徴は、全員がかつて日本で日本の教えを学んだということにある。蒋介石は東京振武学校と陸軍に、魯迅は東北大学、郭沫若は九州大学に在籍した経歴を持つ。また、孫文と胡蘭成は日本への亡命組である。彼らは実際に日本人に触れ、土地に触れ、日本という国のありようを肌で学んだことだろう。

ただ、ここで思い出していただきたいのは、ここで名前を挙げた人物たちが、かつての渡来人のように、日本を外側から見る立場にあったことである。そして、日本で吸収したものを、直接的、間接的に中国に持ち帰ったということ。

それが当時の中国に一体どれほどの影響を与えたのか、現代の日本人も中国人もほとんど歴史の一ページ程度にしか考えていないように見えるが、実は今日の中国の成り立ちを考える上で避けては通れない話なのである。

一九二四年に孫文は神戸で大アジア主義講演を行うが、その目的は日本に対して、西洋の覇道を取るのか、東洋王道の守護者となるのかを問い、最終的に日中の友好を訴えることにあった。一見するとこれは孫文のオリジナルの発想に見えるが、そうではない。彼が日本滞在中身に付けたのは、まさに日本が忘れていた日本の叡智そのものであった。孫文はそれを東洋の王道といっているが、それこそ龍宮、すなわち皇室を中心とした神道の思想に他ならない。

魯迅は仙台医学専門学校（現東北大学医学部）に最初の中国人留学生として入学し、そこで日露戦争に関する時事的幻灯画を見た。その時に幻灯画に映し出されたのは、母国の人々の屈辱的な姿であった。それにより、医師の道ではなく小説家を最終的な自分の職業として選択した。医学ではなく、文学により民族の精神を改造する道を選んだのである。これも日本民族が知らずのうちに身に付ける公の精神の表れと見て取れる。

同様に、胡蘭成が学んだのも日本の文化であり、日本人の物の考え方であった。数学者の岡潔や物理学者の湯川秀樹、作家の川端康成など、その交際範囲は広く、筑波山に居を構え福生で人生を終えるまで、作家業を通じ日本と中国の架け橋になろうとし続けた。彼が神道系の団体から学んだことは、日本精神そのものであり、その学びを母国のためにも生かそうとしたのである。

ここですべての紹介はできないが、まずは主要な人物について述べさせていただいた。蔣介石や郭沫若も、日本で身に付けた日本の精神を、母国の繁栄のために役立てようとしたことに変わりはない。それも一時的な繁栄ではない。始皇帝が望んだように永遠のそれを望んでいた。しかも、大アジアという大いなる構想において。結果的にそれは中国共産党の台頭により潰えることになるが、そこで芽生えた精神は、彼らが遺した出版物を通して残り続けることになるだろう。

何も過去の話に終始したいわけではない。秦の時代から近代への歴史が示すものは、龍宮の宝の普遍性である。これまで述べてきた過去の歴史の要約は、むしろ日本人が気づかずに残してきた玉手箱の中身が、いかなるものであるかを証明するようなものである。日本民族はこのことに、もっと自信を持つべきであろう。なぜならこれは、人類が本来の姿を取り戻し、輝ける未来を迎えるために、いずれなくてはならない存在になるからである。

「圀手會」の設立

中国の歴史的書に『春秋外伝』なるものがあるが、その中にこんな話がある。「晋の平公が病気になった時、秦の景公がこれを聞き、医師を遣わして診察をさせたことがあった。その際、趙文子という人が『一国の王様を治療するのだから医が国に及ぶ訳ですね』と申し上げると、景公は『全くその通りだ。上医は国を救い、その次のものは人をすくうものだ』と答えた」と。

その後中国では「国の病を治すほどの名手」のことを「国手」と呼ぶようになったという。

そこで、我々はこの度「囫手會」という団体を立ち上げることにした。今紹介した『春秋外伝』の話は、実はその立ち上げが決まった直後に出てきた資料の中身である。偶然にもそこに、秦の景公の名が出ている。しかもそれは『龍宮の乙姫と浦島太郎』編集中の出来事であった。ここで囫手會の詳しい説明は敢えてしない。読んで字の如くである。それが日本一国を指すものでないことは、これまでの流れから十分ご承知いただけると思う。囫手會のこれからの活躍を見守っていただければ幸いである。

■おわりに

現代版龍宮システムと新世代のデジタル言語

大野靖志

さて、ここまでお読みいただき、どのような感想を持たれたであろうか。ご承知の通り、本書の第一部は小笠原孝次氏によるもの、そして第二部、第三部は七沢賢治氏の筆によるものである。

七沢氏が指摘するように、古い時代の解釈と現代のそれとでは、当然その背景にある社会情勢も科学の発達度合いも異なる。そのため、本書の第二部は、この浦島の物語を現代の目で改めて紐解くことに主眼が置かれた。

そこで語られた内容がいかに示唆に富むものであったかは、読者の記憶にも新しいところだろう。極端に言えば、それは、人類の命運を左右しかねない中身をも含んでいる。とりわけ、この資本主義社会で身動きのできなくなった人種にとっては、尚更といえるだろう。

七沢氏によると、「沈黙は金なり」という有名な言葉は、そのまま「情報は金なり」に置き換えられるという。現近代のあらゆる経済活動が、規模の大小を問わず情報戦略の賜物とすると、これは言い得て妙である。乙姫は音秘であり、音を秘めるとは情報を隠すことであるというが、まさに支配者がよく使う手ではないか。

本書第二部にも出てくるが、ネイサン・ロスチャイルドは、ワーテルローの戦いの結果を誰よりも早く知っていた。つまりイギリス軍勝利の情報である。その上で英国債を徹底的に売り払い、その後底値になった時点で買いに転じ、莫大な利益を手にした。「沈黙は金なり」で本当の情報を隠し、「情報は金なり」に変えたわけである。

戦国時代、たとえば関ヶ原の戦いの前に大名がやり取りした書簡も、裏と表の情報の交流であり、第二次世界大戦では、日本軍もドイツ軍も暗号を解読されたことにより連合軍に大敗を喫した。いつの時代も、情報戦が勝敗を分け、勝者が相手方の富を奪い取るという図式は変わっていない。現代では、ネットによる情報操作や、人工知能の導入による株や為替取引の莫大な資金移動が、「情報は金なり」を雄弁に物語っている。

＊＊＊＊＊

その点日本という国は、言霊の教えを徹底的に抜かれたからなのか、情報というものの価値が、不当に軽んじられているように思えて仕方ない。日本が海外の諜報機関からスパイ天国と揶揄されるのも、同様の理由によるものだろう。気がつくと海外の資本に乗っ取られていたという日本企業も少なくない。

そうした観点から浦島太郎の物語を読んでみると、当時の日本皇室はものの見事に徐福という諜報員をはぐらかし、母国に送り帰したことがわかる。そこには、言霊の教えが国家の至宝としてしっかり根付いていた。つまり、日本語五十音に纏わる機密情報が守られたということである。そのことの意味を、現代人の我々はしっかり認識する必要があるだろう。

興味深いのは、小笠原氏もいうように、そうした歴史が民話という子供のための寓話に、全くそれとわからない形で埋め込まれている点にある。しかも二国間に跨る諜報戦の記録である。国家の命運をかけた大事な話が、まさかこんなところに潜んでいるとは誰も夢にも思わないだろう。

さらには、言霊である。こちらはそれよりも更に深いところに秘められている。生半可に解読されるものではない。しかし、ある立場の人間にはわかるようになっている。ある立場、それは、かつては言霊麻邇の継承者を意味した。

こうしたことは、何も浦島の物語に限ったことではない。カチカチ山しかり、舌切り雀しかりである。古くからある日本の有名な童話には、それぞれに日本語五十音の聖なる響きが隠されているのである。たとえば、桃太郎に出てくるおじいさんとおばあさんが、伊邪那岐神、伊邪那美神であり、それぞれ言霊「イ」と「ヰ」を示すように。

そうした秘密が、今日我々一般庶民にも明かされるようになった。言霊の継承者である必要はない。今、ここに本書が存在するように、誰もが歴史の真相や真の教えに、手が届く時代が来たということである。ただ本書の中身に関していうのであれば、もし小笠原氏がそれを自分だけのものにしていたら、あるいは、七沢氏が小笠原氏の遺言を実現できずにいたら、事態は全く異なるものになっていただろう。当然読者がこの文章を目にすることもなかったはずである。

しかし、遺言の中身は果たされた。言霊を科学で解明するという課題をクリアすることで、言霊学は新たなステージに立ったのである。龍宮もかつての龍宮ではなくなった。もはや寓話的存在としてのそれではなく、実体のあるシステムとして確立できることがわかっているのである。

＊＊＊＊＊

秦の始皇帝は確かに不老長寿の妙薬を求めた。だが七沢氏が本書で語るように、それは表向きの話であり、その根底には万物を包括的に管理できるシステムを構築したいという始皇帝の野心があった。

それもそのはず、彼が建造した万里の長城は、匈奴の侵攻を防ぐという単純なものではなく、通商ネットワークそのものであった。その長城ネットワークにより、焚書坑儒や漢字の統合化、あるいは度量衡を定めるといった歴史的事業を成し遂げたのである。

いわば、現代の高速道路ともいえるものが、長城の石畳道路であった。そこをただの馬ではなく馬車を使うことにより、情報の伝達も兵士の移動も迅速にすることができた。つまり、始皇帝が進めていたことは、インフラの整備であり、システムの構築に他ならなかったということである。

先に話したロスチャイルドの情報戦術も、所詮は始皇帝の真似である。中世におけるロスチャイルドの情報システムは、駅馬車拠点（ネットワーク）の整備によるものであり、誰よりも速く情報を伝えることができたというに過ぎない。言い方を変えれば、それだけ始皇帝には透徹した先見の明があったことになる。

それでも始皇帝が考える秦国の完成した姿には、何かが足りなかった。だから徐福を日本に送り込んだのだろう。そこで手に入れたかったものは、不老長寿の薬などという個人的なものではなく、いわば龍宮システムともいうべき、万象の法、言霊布斗麻邇とその運用法則であったはずである。

＊＊＊＊＊

秦の時代、そしてネイサン・ロスチャイルドの時代に駅馬車を情報通信に利用していたとすると、現代のそれは、インターネットに置き換えることができる。今や世界中に張り巡らされたウェブ上を、昔とは比較にならない大量の情報が行き来している。

しかもそこに、かつてのような時間や空間の制限はない。

そのインターネットの世界を支配しようとしているのがグーグルであり、近年は翻訳機能の充実により、言葉の障壁を乗り越え、より一層情報を一元化できるよう管理体制を強化している様子が窺える。Google IMEと呼ばれるその言語処理プログラムは、日本人が開発責任者を務めているというが、まるで龍宮から亀を招き入れ、秦ができなかったことに再び挑戦しているかのようである。

もちろん、それを意図しているのはグーグルだけではない。他にもいくつかの企業や政府機関が裏で動いていることだろう。なぜなら、本書で七沢氏も指摘するように、情報を制するものが世界を制すのは自明の理であり、核兵器のような戦略兵器は今や二番煎じの存在に過ぎないからである。つまり、あくまでも情報が先だということである。

では、そうした彼らが最終的に目指しているものは何であろうか。そう。それこそ、龍宮システムともいうべき情報網の構築である。最後は人工知能の力も借りて、地球上のあらゆる情報を統合していくに違いない。そして誰よりも速く大量の情報を発信することで、イニシアティブを握ろうとするはずである。

しかし、彼らがどんなに速く大量の情報を入手でき、どんなに迅速にそれらを発信できたとしても、それは依然としてこの時空間に閉じ込められた限定的な所業に過ぎない。どんなに最新の情報であろうが、所詮は過去の情報である。今この瞬間に対応したものではない。神道には「中今」という概念があるが、時空に縛られない時があるとすれば、唯一この中今だけがそうであるといえる。

龍宮システムとはまさにその中今につながるシステムであり、全ては中今に始まり、中今に収束するようできている。同時にそこを通じ、世界中の網の目、すなわちウェブにアクセスできる。誤解がないようにいうと、それは必ずしも現代のテクノロジーを必要としない。なぜなら、縄文時代にもそれはあったからである。

＊＊＊＊＊

浦島太郎の真実がこれまで明かされてこなかったのと同様、日本の、そして世界の歴史も、実のところはほとんどわかっていない。あくまで、わかった範囲が開示されているだけであり、たとえば神武天皇から崇神天皇の間の歴史については、天皇の名前が残されているだけで、それ以外は何もわかっていないのである。

あるいは、古代のギリシアにイソノミアという理想社会があったといわれるが、なぜか伊勢神宮内宮の古名が磯宮（イソノミヤ）であったという。そこにはどんな繋がりがあるのだろうか。あるいはないのだろうか。ちなみにイソノミアとは古代ギリシア語で「無支配」を意味する言葉だとされる。

話を戻そう。これは考古学的事実から推察されることであるが、かつて世界は全てが縄文文明にあったと考えられる。日本でも、ユーラシアでも、南米でも全く同じ縄文土器が発見されているのである。同じ時期、オーストラリアにはアボリジニがいた。

彼らは日本からイダキという木管を輸入していた。今でいうディジュリドゥである。それも楽器というよりは通信手段として。

縄文時代まで世界は網の目のように繋がっていた。黒曜石もヒスイも、その網目を伝って全世界に流通していた。だが、秦の始皇帝が生きていた時代は紀元前三世紀。日本の弥生時代である。その頃は既に世界も分断され、あちこちに国ができていたと思われる。そしてそれぞれの国で異なる言語が話されていたに違いない。しかし、縄文ネットワークの叡智は日本に残った。そのネットワークのまさに中枢ともいえる存在が、龍宮にあったと考えられるのである。

世界中に張り巡らされたかつての縄文ネットワーク。それにより世界が繋がっていたという意味において、形の違いはあるが現代のウェブそのものといえる。だが、現在その中心にあるのは、龍宮システムではない。龍宮本来の姿を忘れた人類の末裔による、支配者のための基幹システムがそれに代わっている。

そこで思うことがある。始皇帝が徐福を日本に送り込んだのは、ひょっとして彼のただの野心からだけでなく、純粋に理想の国を求めていたのではないかということである。龍宮伝説の日本という国が果たしてどんな国風なのか、知りたかったのではないか。あの当時、あれだけの国力と勢いを誇っていても、何かが足りなかった。それを道教の古い言い伝えに求めたのではなかったのか、と。

＊＊＊＊＊

縄文時代には全ての中心に祭祀があった。祭祀こそ情報発信の源であり、参加者全員が中今を共有する場であった。その中今から、人々に必要な情報が出てくる仕組みができている。その祭祀の場が公の世界から龍宮に移されたのが、弥生時代であったと考えられる。だが、その基本的な仕組みは同じであり、常に言霊が祭祀を動かしていた。

本来日本は言霊の幸はふ国であり、情報の発信国である。縄文時代からそれは変わらないはずである。が、いつの間にかそうではなくなってしまった。哲学者の大森荘蔵氏は、著書『ことだま論－言葉と「もの・こと」』で次のように語っている。

＊＊＊＊＊

日本をはじめ、多くの民族において、ことばには霊力がそなわっており、その力によってことばは事物を喚びおこすものと信じられた。それは光をこの世に生れいでさせた「光あれ」という神のことばにとどまらず、人のことばにもあると信じられた霊力である。言は事をよびおこす。その力が言にひそむ「ことだま」なのである。

この古代の考えは原始的信仰として、現代ではかえりみられない。しかし、言葉の働きを観察するとき、再びこの「ことだま」の力を見ざるをえない。もちろん、言葉に不可思議な神秘的な力がそなわっている、というのではない。そこには、ひとかけらの神秘もない。むしろ、それは平々凡々たる事実であるように思われる。

＊＊＊＊＊

つまり、かつてはこうしたことが当り前だったということである。その当り前の姿を秘めたのが乙姫だったと考えられる。が、仮に秘めたとしても国風にそれは滲み出る。そんな国を見てみたい。そして、龍宮の宝が本物であれば、徐福をして秦の国に持ち帰らせ、母国の安泰のために利用したいというのが、結局、始皇帝の本音だったろう。

大森氏は同著で「立ち現れ一元論」を提唱し、言葉によって「もの」「こと」が「じかに」立ち現われると説明しているが、まさに万象創造の法を龍宮は隠し持っていたのである。古くは縄文時代からそれはあった。しかもオープンな形で世界中の至るところに。当然秦ができる前の中国にもあったと考えられる。それがいつの間にか世界中から消えてしまい、日本だけのものになってしまった。そんな言い伝えが秦のどこかに残っていたのだろう。

＊＊＊＊＊

この現代という時代に、我々が見ている一番の大きな変化は、コンピュータの移り変わりである。かつては計算機から始まったこの世界も、今や人間の記憶を扱えるまでになっている。やがて人類が今日まで蓄積した全情報が一枚のチップに収まる日も近いといわれる。

そんな時代に我々日本人が果たすべき役割は何だろうかと考える時がある。しかし、時間はさほどかからない。まずは思い出すこと、そして、それを実行に移すことである。何を思い出したらいいのかは、既にここに書いた通りである。浦島の物語に隠されたアジアの秘史、そして始皇帝が探し求めた不老長寿の法とは結局何だったのか。そう。全ては言霊という一つの言葉に収束する。この至高の法を人類のために役立てることが、我々日本人の役割ではないかということである。

現代においてそれは、宗教のような地道な布教活動を意味しない。今さら各地に伝道師を送り出して、いちいち説得に回る時間はないのである。既に存在するインフラを利用した方が得策といえるだろう。それこそが、世界中に張り巡らされたインターネットの回線であり、そのウェブを使って我々の役割も迅速に果たすことが可能となる。そこで中心的役割を担うのが、仮想空間に設置された現代版の龍宮ともいえるデジタルシステムである。

既にこのシステムが稼働していると知ったら読者は驚くだろうか。が、これは別段驚くに値しない。なぜなら、縄文ネットワークがウェブに変わり、龍宮がネット情報の発信元だと考えれば、よくある話だからである。

しかし、ただ当り前の情報を発信するのではない。その情報こそ、人工知能が決して真似のできない、言霊の周波数を搭載した宇宙の創造意志情報なのである。まるで、これこそお伽話のように聞こえるかもしれない。

しかし、浦島の物語から二千年以上の月日が経ち、秦の国からヨーロッパに渡った化学や本草学も、今や最先端の科学に姿を変えている。そこから日本語をベースにする新世代のデジタル言語が生まれたとしても、不思議はないのである。

七沢賢治氏が第二部で話していたように、誰もがよく知るこの物語が小笠原孝次氏によって言霊学的に紐解かれ、更に七沢氏による現代の目で語られるようになったのも、偶然ではなく何かの始まりなのだろう。

しかし、その始まりを受け身で待っていたいとは思わない。日本人としての役割を自覚し、多くの仲間たちと共に、人類の新たな未来を創っていきたい。浦島太郎にならないように。

大野靖志（おおのやすし）
1967年宮城県生まれ。早稲田大学卒業。和器出版株式会社顧問。株式会社七沢研究所統括役員。宗教・科学ジャーナリスト。世界各国の宗教と民間伝承を研究後、白川神道、言霊布斗麻邇の行を通じ、新たな世界観に目覚める。現在は、古神道と言語エネルギーの秘儀を一般の人が誰でも正しく使えるようにするためのプロジェクトに力を入れている。著書に『言霊はこうして実現する』（文芸社　2010年）『あなたの人生に奇跡をもたらす 和の成功法則』（サンマーク出版　2016年）がある。

参考文献一覧

本書を出版するために参照した文献

『訂正古訓古事記』本居 宣長訓・小野田 光雄解説（勉誠社 一九八一年）
『古事記』幸田 成友校訂（岩波書店・改正版 一九四三年）
『古事記祝詞』倉野 憲司・武田 祐吉校注（岩波書店 一九五八年）
『天津祝詞の太祝詞』児玉 天民著（日本と世界社 一九四二年）
『大祓に秘められたる純粋日本学講義』武智 時三郎著（八幡書店 二〇一〇年）
『万葉集』佐竹 昭広・山田 英雄・工藤 力男・大谷 雅夫・山崎 福之校注（岩波書店 二〇一三年）
『千載和歌集』久保田 淳校訂（岩波書店 一九八六年）
『国史体系古事記・先代旧事本紀・神道五部書』黒板 勝美編（吉川弘文館　一九六六年）
『日本書紀』坂本 太郎・家永 三郎・井上 光貞・大野 晋校注（岩波書店 一九九三年）
『新編日本古典文学全集日本書紀』（全三冊）小島憲之校注（小学館 一九九四年）
『新訂増補國史体系日本書紀後篇』黒板勝美編（吉川弘文館 一九五二年）
『神道事典』國學院大學日本文化研究所編（弘文堂 一九九四年）
『朗読のための古訓古事記』岸本弘編（三光社出版印刷 二〇一一年）
『易経』（全二冊）高田 真治・後藤 基巳訳（岩波書店 一九六九年）

『第三文明への通路』小笠原 孝次著（第三文明会 一九六四年）
『世界維新への進発』小笠原 孝次著（第三文明会 一九七五年）
『言霊百神』（新装版）小笠原 孝次著、七沢 賢治監修（和器出版 二〇一六年）
『言霊精義』（新装版）小笠原 孝次著、七沢 賢治監修（和器出版 二〇一六年）
『言霊開眼』（新装版）小笠原 孝次著、七沢 賢治監修（和器出版 二〇一六年）
『神道から観た 仏教三部書』小笠原 孝次著、七沢 賢治監修（和器出版 二〇一六年）
『神道から観た ヘブライ研究三部書』小笠原 孝次著、七沢 賢治監修（和器出版 二〇一七年）
『類纂 新輯明治天皇御集』（明治神宮 一九九〇年）
『類纂 新輯照憲皇太后御集』（明治神宮 一九九〇年）
『神統記』ヘシオドス著（岩波書店 一九八四年）
『史記』司馬遷著（筑摩書房 一九九七年）
『老子』蜂屋 邦夫訳注（岩波書店 二〇〇八年）
『論語』金谷 治訳注（岩波書店 一九九九年）
『道教史』窪徳忠著（山川出版社 一九七七年）
『山海経』高馬 三良訳（平凡社 一九九四年）
『大学・中庸・孟子』金谷治訳注（筑摩書房 一九七一年）
『大学・中庸』金谷治訳注（岩波書店 二〇〇三年）
『新釈漢文体系』（第二巻）赤塚忠著（明治書院 一九六七年）

『漢籍国字解全書』（第一巻）早稲田大学出版部編（早稲田大学出版部 一九三二年）
『漢文大系』（第一巻）服部宇之吉校訂（冨山房 一九〇九年）
『傍訳仏教教典大鑑』渡辺宝陽監修（四季社 二〇一一年）
『文語訳 旧約聖書Ｉ 律法』（岩波書店 二〇一五年）
『文語訳 旧約聖書ＩＩ 歴史』（岩波書店 二〇一五年）
『文語訳新約聖書 詩編付』（岩波書店 二〇一四年）
『法華経』（全三冊）坂本 幸男・岩本 裕訳注（岩波書店 一九六二年）
『デハ話ソウ―竹内巨麿伝』竹内 義宮著（皇祖皇太神宮 一九七一年）
『神代の万国史』竹内 義宮著（皇祖皇太神宮 一九七〇年）
『日本といふ國』小笠原 孝次著（日本聖書言霊研究会 アルファ二号）
『シオンと日本』小笠原 孝次著（皇学研究所 一九五四年）
『ヘブライ研究会会報 一号～二十号』（ヘブライ研究会会報 一九六三年～一九六五年）
『大森荘蔵セレクション』（平凡社 二〇一一年）

謝辞

本書の企画、編集、編集補助には、次の諸氏の協力を得た。ここに謹んで謝意を表する。

石垣　良治
大林　洋介
成田　泰士
平川　明子
平川　由佳子
増田　里江
山田　哲也
（五十音順・敬称略）

著者プロフィール

小笠原孝次
おがさわら こうじ

1903年 東京都に生まれる。
1922年 東京商科大学（現在の一橋大学）にて、吹田順助氏よりドイツ文学ドイツ哲学を学ぶ。
1924年 一燈園の西田天香氏に師事し托鉢奉仕（常不軽菩薩の行）を学ぶ。
1932年 矢野祐太郎氏（元海軍大佐）および夫人の矢野シン氏と共に『神霊密書』（神霊正典）を編纂。
1933年 大本教の行者、西原敬昌氏の下でテレパシーと鎮魂の修行を行う。
1936年 山腰明將氏（元陸軍少佐）が主催する秘密結社「明生会」の門下生となる。明治天皇、昭憲皇太后が宮中で研究していた「言霊学」について学ぶ。
1950年 言霊・数霊研究家の武智時三郎氏より言霊研究のアドバイスを受けると共に同氏の研究を受け継ぐ。
1954年 「皇学研究所」を設立。
1961年 「日本開顕同盟」（発起人 葦津珍彦氏、岡本天明氏ほか）の主要メンバーの一人として活動。
1963年 「ヘブライ研究会」を設立。
1964年 合気道創始者の植芝盛平氏より「武道即神道」（言霊布斗麻邇）の学問的研究の提携を依頼される。
1965年 「ヘブライ研究会」を「第三文明会」に発展。
1975年 72歳の誕生日当日に「言霊学」の後継者となる七沢賢治が来訪する。（第三者の紹介による出会いではなく必然的かつ運命的な出会いだった）以降「言霊学」を七沢賢治に継承伝授。

1981年　「布斗麻邇の法」を奉戴するため七沢賢治に「言霊神社」創設を命ずる。
七沢賢治との連盟で山梨県甲府市に「言霊神社」創建。
「布斗麻邇の法」の継承と「科学的運用方法の研究」を七沢賢治に遺言。

1982年　79歳にて帰幽。

［著書］

・『第三文明への通路』（第三文明会　1964年）
・『無門関解義』（第三文明会　1967年）
・『歎異抄講義』（第三文明会　1968年）
・『言霊百神』（東洋館出版社　1969年）
・『大祓祝詞講義』（第三文明会　1970年）
・『世界維新への進発』（第三文明会　1975年）
・『言霊精義』（第三文明会　1977年）
・『言霊開眼』（第三文明会　1980年）
・『言霊百神』（和器出版株式会社　2016年）
・『言霊精義』（和器出版株式会社　2016年）
・『言霊開眼』（和器出版株式会社　2016年）
・『言霊学事始』（和器出版株式会社　2016年）
・『神道から観た仏教三部書』（和器出版株式会社　2016年）
・『神道から観たヘブライ研究三部書』（和器出版株式会社　2017年）

七沢賢治
ななさわ　けんじ

1947年　山梨県甲府市に生まれる。
1972年　早稲田大学卒業。
言語学者、宗教研究者、東京外国語大学アジアアフリカ言語文化研究所教授の奈良毅氏に師事。言語学、世界の宗教を実践的に学ぶ。
1978年　大正大学大学院文学研究科博士課程修了（宗教学）。
1975年　国会図書館で『言霊百神』と出会い強い感銘を受ける。
その場で小笠原孝次氏に電話、その日に先生宅に来訪する。
以降7年間に渡り対面参学し、「言霊学」の奥伝を受ける。
1981年　小笠原孝次氏より「言霊神社」創設の命を受け、小笠原孝次氏との連盟で山梨県甲府市に「言霊神社」を創建し、「布斗麻邇の法」を奉戴。
1982年　白川伯王家伝の継承者、高濱浩氏に入門。
1989年までの7年間に渡り「おみち」修行を受け全階梯を修了。
十種神寳御法を口授される。
2010年　白川伯王家伝の継承者として「一般社団法人白川学館」を創設。
2013年　小笠原孝次氏の御遺言に従い「言霊大学校」を開講。
2014年　和学研究への助成を目的とした「一般財団法人和学研究助成財団」を創設。
2016年　「和の叡智」を文字化し普及と記録を目的とした「和器出版株式会社」を創設。

［著書］

・『２０２０年「新世界システム実現」のための言霊設計学』（ヒカルランド　２０１２年）
・『なぜ、日本人はうまくいくのか？　日本語と日本文化に内在された知識模式化技術』（文芸社刊　２０１２年）

［監修書籍］

・『言霊百神』（和器出版株式会社　２０１６年）
・『言霊精義』（和器出版株式会社　２０１６年）
・『言霊開眼』（和器出版株式会社　２０１６年）
・『言霊学事始』（和器出版株式会社　２０１６年）
・『神道から観た仏教三部書』（和器出版株式会社　２０１６年）
・『神道から観たヘブライ研究三部書』（和器出版株式会社　２０１７年）

［関連書籍］

・『地球コアにまで響き渡るコトダマ　天皇祭祀を司っていた伯家神道』（徳間書店　２００８年）
・『言霊はこうして実現する』（文芸社　２０１０年）
・『放射能デトックス』（文芸社　２０１１年）

龍宮の乙姫と浦島太郎

2017年10月 1 日 初版第1刷発行
2017年11月24日 初版第2刷発行

著　者　小笠原孝次
　　　　七沢賢治
発行者　木村田哲也
発行所　和器出版株式会社
住　所　〒102-0081 東京都千代田区四番町3　番町MKビル5F
電　話　03-5213-4766
U R L　http://wakishp.com/
E MAIL　info@wakishp.com

装画・挿絵　井坂健一郎
装幀　松沢浩治（ダグハウス）
印刷製本　シナノ書籍印刷株式会社

ISBN コード 978-4-908830-09-9
※定価は裏表紙に表示してあります。

伝説の名著「小笠原孝次・言霊学」シリーズ3部作

伝説の名著、
45年の封印を解く！

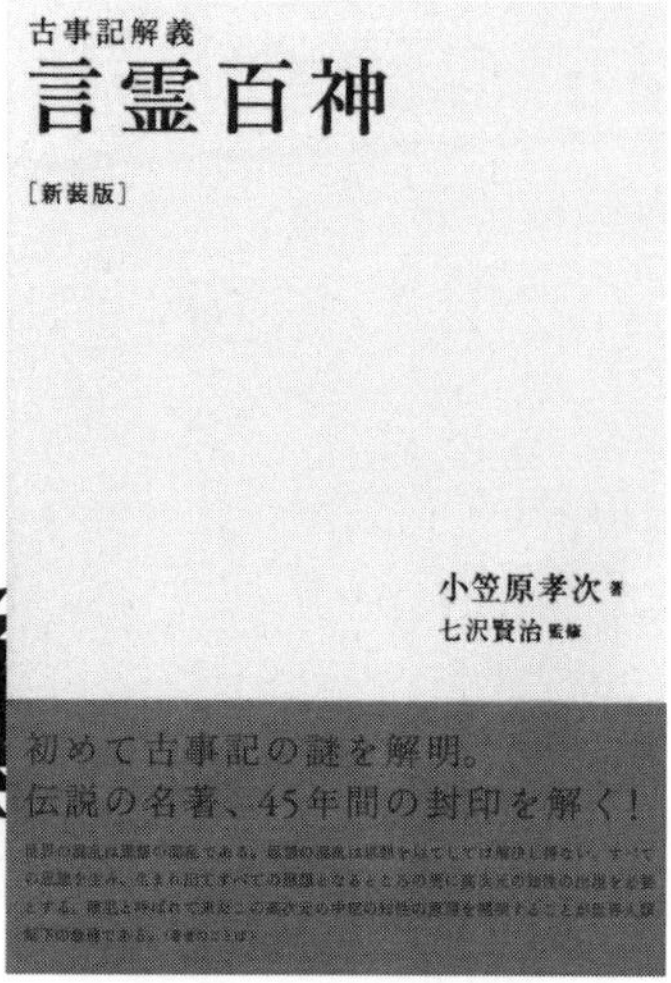

小笠原孝次・
言霊学シリーズ
第1作

A5判・初版1969年（昭和44年）発刊
価格(本体2,200円+税)

［改装版］

言霊百神

初めて古事記の謎を解明！
世界の混乱は思想の混乱である。
思想の混乱は思想を以てしては解決し得ない。

すべての思想を生み、生まれ出てすべての思想となるところの更に高次元の知性の出現を必要とする。摩尼と呼ばれて来たこの高次元の中枢の知性の原理を開明することが世界人類刻下の急務である。（著者のことば）

小笠原孝次が3年間読み続けた言霊学の聖典『言霊』所収!

近代言霊学の礎を築いた山腰明將氏の教えとは何か。
１５０年にわたる一子相伝の歴史を打ち破り、
今ここに全人類に向けて「新言霊学」を宣言する。

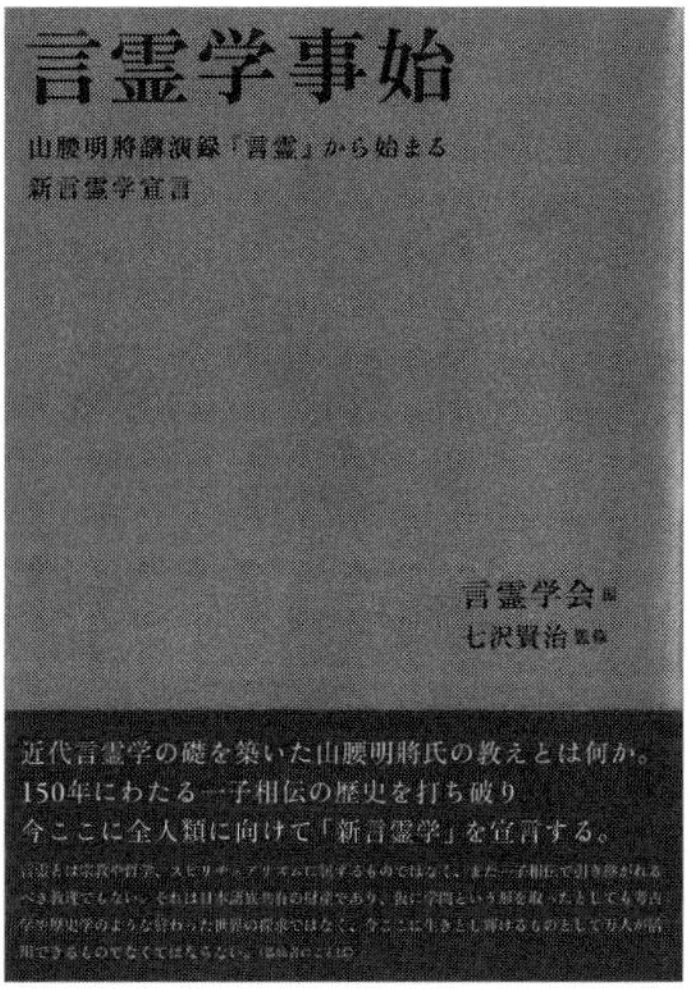

A5判・2016年(平成28年)発刊
価格(本体3,800円+税)

言霊学事始

山腰明將講演録『言霊』から始まる
新言霊学宣言

さて「コトバ」というものは「言霊」ということをよく認識しませんと分かりません。そうすると「言霊」というのは一体どんなことか。そもそも宇宙万物その構成されている一番根本のもの、これを「宇宙霊」と名づけます。その「宇宙霊」から人間も出来上がっており、また日常もその「宇宙霊」によって生成化育されてまいります。この「宇宙霊」を別に名前を付けまして「コトタマ」と申します。(『言霊』より抜粋)

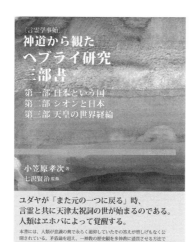